JN038973

どうしても、結婚したかった。

1000人の男性と出会った私の婚活ラプソディー

目次

プロローグ

結婚前夜

拙著を手に取っていただき、とても嬉しいです。ありがとうございます。
現在、13歳年下の夫と小学生の娘と暮らす、かわむらあみりです。

この本は、35歳から突然、猛烈に婚活を始めて、対面で約1000人の男性と話した私の婚活エッセイです。もともと私は一人っ子ということもあってか、自由な時間を満喫したり、仕事ばかりしていたり、何でも独りでマイペースに過ごす生活を送ってきました。

独りでいることが当たり前になりすぎていたうえに、不器用で、恋愛も苦手なのに、結婚相手を探すなんてもう無理すぎる……！　と、誰かと深くコミュニケーションを取っていくことも怖かったですし、ましてや将来のパートナーになる男性を探すなんてどれだけ大変なことなんだろうと、考えることすら放置するほどでした。

そんな中、結婚していく女友達が増えていき、気づくと独身の女友達は激減。周りの女性たちは、好きな相手と付き合ってそのまま結婚する人もいれば、婚活してうまくいってゴールインする人も。一体、どうやって、結婚したらいいんだろう？　と、35歳からやっと重すぎる腰を上げたのです。恐る恐る始めた婚活でしたが、当初は、すぐに結婚相手は見つかるのだろうと高を括っていました。

しかし、婚活を始めて1年、2年、3年……とどんどん時は過ぎ、あっという間に39歳。友人の紹介、合コン、ネット婚活、婚活パーティー、結婚相談所などあらゆる婚活をすることになるなんて。相手が見つからないために、婚活は長い道のりとなったのです。

とはいえ、さまざまな婚活の場で出会った人たちは、男性も女性もバラエティー豊かでした。良い人もいれば、そうでもない人もいる。笑いあり、涙あり、怒りあり、驚きありの、今思えば貴重な体験をさせてもらえた婚活でした。

婚活にはいろいろな種類があり、その最中のマインドの持ち方もコツがいります。私が婚活していた時は、自分自身のやる気だけでは補えないモチベーションキープに、占いやスピリチュアルなことといった神秘的な世界も支えの１つになっていたように思います。

そこで、今まさに恋と結婚に悩んでいる方や、絶賛婚活中の方に、婚活の種類や気をつけること、生活にプラスすることで前向きになれる方法など、こんな私の婚活話でも何かのヒントにしていただけることがもしもあればと、お伝えしていきます。

読み終わった後に、あなたの結婚への道が今よりもきっと開かれているはずです。

第一章

イッツ・オール・ライト

35歳からの運命の人探し

「もう一生独りでいるのかもしれない」

漠然とした不安の波が覆い被さり、ポツンと誰もいない荒野に取り残されているような、言いようのない孤独を感じたあの日。

「何で私だけうまくいかないんだろう」

自分から必死に行動しても、相手の心に響かない時の虚無感といったら……。良い出会いを求めてどれだけ強い気持ちで頑張ろうと思っていても、転んでばかりいれば、その思いが、ポキリと折れてしまうことだってあります。

今の時代、結婚は必ずしもしなくてはいけないものではなく、独りでいてもいいし、好きな人を無理に作らなくてもいい、異性ではなく同性を好きになってもいい。いろんな選択肢のある時代ですよね。でも、生き方を選べる時代だからこそ「自分はどうしたいか」という見極めが大事です。

私はもともと結婚願望が強かったわけでもなく、常に恋人がいないとダメなタイプでもなく、むしろ独りで趣味の時間に没頭したり、仕事に励んでいたりすると他のことが目に入らなくなるタイプ。大好きな音楽やドラマや映画やお笑いといったエンターテインメントによって心躍らされ、希望をもらい、明日へのエネルギーとして還元してきたため、好きが高じて今の仕事に就いています。一人っ子ということもあってか、小さい頃から絵を描いたり、お人形遊びをしたり、独りで遊ぶことは自然なこと。学生時代からは今で言う〝推し〟をいち早く見つけて〝推し活〟をしていたこともあり、好きなものを追い求めるパワーは昔も今も変わりません。

そのため、結婚についてあまり真剣に考えてきませんでした。時折好きな人ができて恋愛下手すぎて死ぬほど落ち込むことが多々あっても、好きなアーティストのライブに行って元気をもらえたり、好きなお笑い芸人の番組を観て和んだり、好きなドラマの世界に没入して時間を忘れたり。エンタメが傷ついた心を癒やしてくれたから、恋愛がうまくいかなくても、ましてやその先の結婚についても、それほどじっくりと考えることはありませんでした。

好きなものや好きなことに全力投球する性格ゆえに、一度「こうしたい」と思ったことには良く言えば粘り強く、悪く言えば諦めの悪さでとことん熱中。取り組んだ結果、失敗だらけだったとしても、諦めません。満身創痍でも「次こそは……」と向き合います。それは、婚活でも同じでした。

真剣に結婚について考え始めたのは、35歳から。最初の結婚適齢期といわれていた25歳でもなく、20代のうちにどうにかしたいと考える29歳でもなく、30代も半ばになった年齢で、いわゆる適齢期からは遅い時期に考えるようになったのでした。気づいたら、周りは既婚者ばかり。これまで数々の女友達から結婚報告を受け取ってはお祝いしてきたものの、その報告自体も何だか少なくなってきたような。あれ⁉ 何だか知らない間に、みんな結婚している！ うわぁ……（青ざめる）‼ 驚愕しました。大げさではなく、本当にビックリしたんです、「私、今まで何してたんだろう？」と！

結婚なんて、誰だってカンタンにできるものじゃないの？ 街を歩けば、正直なところ自分だったら好みじゃないけどというような冴えない男性（失礼！）や大して美人でもない女性（失礼！）でさえ、結婚している。子宝に恵まれてベビーカーを押しながら楽しそうに歩いている家族連れを目にしては、「相手さえ選ばず誰だってよければいつだって結婚できる」とか、「今のところ相手は現れないけどいつかは私だって自然と結婚できる」と思っていたんです。さまざまな出来事を経験した現在はこのような考えにはなりません。当時は、浅はかでした。

「いつか」は結婚できると思っているその「いつか」って、いつだろう……？　とハッとしたのが、35歳でした。

そこからは一念発起。出会いゼロの状態から縁を引き寄せるには、「自分から縁を掴みにいくしかない!!」と考え、どんな出会いの場が自分に合うのかわからなかったので、「だったら全部やってみよう!!」と奮起しました。私は特に容姿がいいわけでも性格がいいわけでも頭がいいわけでもお金持ちでもなく、つまりは、何の取り柄もない陰キャの人間。でも、唯一の武器かもしれない行動力で、35歳から友達の紹介、合コン、パーティー、ネット婚活、結婚相談所などで婚活を展開しました。あらゆる婚活をほぼ体験することになるなんて、婚活を始めた当初は思いもしなかったのですが……。

時間は容赦ありません。35歳から婚活を始めて、あっという間に次の誕生日が来てしまうんです。「また今年も独りで誕生日を過ごすことになった」という恐怖のループ。婚活がうまくいかなくて休んで、またトライして落ち込んで、またトライして……独りの誕生日を迎えると、1年前と同じ状態ゆえに、「私、タイムリープしてる？」と思ったことも。

〝アラフォー〟から婚活していたわけですが、婚活市場に出てみると20代から参戦する女性もいて、そのパワーにひるんでしまいそうになることもありました。でも、同年代の女性もたくさんいて、みんな同じように頑張っている。そこで諦めたら終わりだと思いながら、自分にとっての〝たった一人の運命の人〟探しの旅をやめませんでした。

そして、沈んだ心を癒やしてくれたのはエンタメだけではなく、スピリチュアルな世界も私を守ってくれていました。目に見えるものだけではなく、日頃からスピリチュアルなことや占いなど神秘的な世界や心の持ち方といった、目に見えないものも大切にしたいと考えてきました。ですので、婚活と同時に神社仏閣への願掛けから引き寄せやおまじないまで「信じるものは救われる」「やれることはすべて挑戦」と、心身共に幸せを掴むための行動にまっしぐら。願いが叶うのも叶わないのも自分の心次第と気づき、婚活パーティーなどで出会った男性も含めると、大体1000人以上と出会いました。

そのおかげか、婚活を始めてから5年目にやっと出会えた〝たった一人の運命の人〟である13歳年下の男性が、今の夫です。その後は子宝にも恵まれ、有り難いことに現在は温かい家庭を築くことができました。愛する家族と共に過ごしながら、好きな仕事ができて、心地よく暮らす毎日は、かけがえのないものです。

それもこれも、藁をも掴む思いで七転八倒しながらも、「結婚したい」という一心でいたからです。とはいえ、秀でた何かがあるわけでもない凡人の私でさえ（一応）結婚できたということは、世の中の多くの女性はもっとすんなり結婚することができるはずです。これまでの婚活経験をお伝えすることで、同じような状況で悩む方の何かのヒントになることも……！　そこで、婚活経験やスピリチュアルなことなど、お伝えしていきます。ほんの少しでも、お役に立てれば嬉しいです。お役に立てなさそうだったら、こんなケースもあるんだな、ということで多様な情報の1つに加えていただければ幸いです。

運命の人を探しているあなたも、きっと思い描いている未来を手に入れることができます！

視点を変えることで見えてくるもの

仕事が忙しくて、毎日、家と会社の往復ばかり。どこかに遊びに行くような余裕もなければ、行きたいところさえ思い浮かばない時期がありました。仕事柄、たくさんの著名人の方々に取材をさせていただく機会もあり、輝く方々のお話をより多くの読み手の方々に伝えなくてはと奮起するのですが、大いに刺激を受けて働くことに没頭してしまうと、つい自分自身の境遇を忘れてしまうことがあります。

ある取材の時のこと。インタビューは部屋の中で、撮影は室外で行うことになりました。そこで撮影場所を決めるため、外でロケハンをしていると、青い空が澄み渡っていて快晴の日だったんです。そこでふと、最近、空を見ていないなあと気づきました。勿論、部屋から一歩も出ない生活を送っていたわけではなく、家から駅までの道や仕事先から取材先への移動など、物理的に外を歩くことはあったのですが、そういった時に見ているのは目の前だけ。いつも何かしら考え事をしているか、下を向いているか。家にいても、会社にいても、窓を開けて空を眺めることはありませんでした。

じっくりと外で周りを見回してみると、知らないうちに新しいカフェができていたり、街路樹に花が芽吹いて移りゆく四季を感じたり、顔を上げると真っ青な空にふくよかな白い雲が浮かんでいたり。奇麗に澄んだ空を見ていたら、何だかとても心地良かったんです。

つまりは、余裕のない毎日を過ごしているとそれが当たり前になってしまうけれど、ストレス発散にエステや海外旅行やショッピングなどで派手にお金を使わずとも、視点を変えるというちょっとしたことで、いつでも安らぐことができるんですよね。心を平穏に保つことができれば、より一層、さまざまなことへの感謝の気持ちも湧いてくるものです。

朝起きて、部屋のカーテンを開けて、朝の瑞々しい空気を胸いっぱいに吸い込んで、燦々《さんさん》と輝く太陽の光を浴びると「今日も一日が始まる」と目が覚めます。雨の日は、しとしとと降る雨の音に耳を傾けながら、草木が喜んでいるだろうと想像します。そんな朝のひと時を習慣化するだけでも、一日の始まりは清々しいものになっていきます。

そうして少し意識をするかしないかだけで、見え方や感じ方にも変化が起こってくるもの。ですが、目に見えるものだけがすべてではありません。自分の内なる声に耳を傾けてみると、見えない力がそこには存在する、と多かれ少なかれ感じる方もいるのではないかと思います。例えば、何となく元気にしているのかな、としばらく会っていなかった友達の顔が頭に浮かんだと思ったら相手から連絡が来たとか、今日はこういうことが起こりそうな気がする……と思ったことが現実にも起こった、など。私も実際、ふと友達の顔が浮かんで連絡をしてみたところ、「ちょうど連絡しようと思ってた！」と相手からビックリされたこともありました。

またある時は、転職活動をしていると希望に近い会社を見つけたので応募して面接まで進むも、ご縁のない状態になりました。しかし、ほどなくして、その会社は経営難に。もしスムーズに転職していたら、入社してすぐまた無職になっていたと思うとゾッ。「行かなくて良かった、後でこうなる会社だったからご縁がなかったんだな」

と思いました。その後ご縁のある会社に無事、転職できてホッ。

その時はうまくいかなくて落ち込んでも、後になって「その方が良かった」「最悪の事態を避けるためにそうなっていた」と知ることがあります。その度に、何だか大きな力に導かれて、守られている感じがしています。

そういったご縁や力のような見えないものもある一方、経験していないから知らなかった、見えていなかったものも。今は一児の母として育児をしているのですが、さまざまな場面で、母のことを思います。自分が母として毎朝家族を起こすのも、毎日の食事の用意も、家事や育児をする立場になって大変さがよくわかります。子どもの時は〝見えていなかった〟母の大変さです。また、自分自身や家族が体調不良になった時に、改めて健康でいられることの有り難さをしみじみと実感することがあります。

私は無宗教ですが、こうして健康に生きていられること、親から私、そして子へと代々命が続いていけるのはご先祖さまのおかげでもあると思っていますし、産土神《うぶすながみ》さま、氏神《うじがみ》さまへの感謝の気持ちも忘れません。何より、目に見えていることだけが真実とは限らないので、目に見えないことへも「ありがとうございます」という気持ちを持って、行動するようにしています。そうすることによって、日常生活の中で起こるあらゆることには意味があり、目に見えないものに守られていることもあるのだと肌で感じる出来事があったり、わかるようになったり。

そんな中で、将来を共にする運命の人も、自分にとって一番良いタイミングで出会うことができました。やはり見えない力で導かれているのだろうなと、実感しています。

決めつけすぎない勇気

「そろそろ恋人が欲しいな」「自分でも結婚相手を探してみよう」など、独りでいるよりも、そばにパートナーがいてほしいと感じる時があります。

そういった時は、みなさんはまず、どのようなことから始めるでしょうか。

職場や趣味の場などで知り合う男性の中から好みのタイプはいないか確認したり、気心の知れた女友達に「恋人募集中」だと話して自分のネットワークから相手を探したり、恋活や婚活アプリなどで知らない人たちから出会いを求めたり……。大なり小なり、何かしらのアクションを起こす方が多いのではないかと思います。

その際「どうせなら芸能人の◯◯クンのようなイケメンがいい」と相手のルックスに関しての理想を掲げることもあれば、「甘えられる人がいいから少し年上の良い人いないかな」と年齢についての希望を持つこともあるでしょうし、「ちょっと付き合う程度ならまだしも、結婚相手を見つけるんだったら年収△△△万円以上じゃないと話にならない」など、将来の相手に対して、いろいろな条件を求める女性もいます。

ですが、条件にとらわれすぎていては、本当に相性の良い相手を見逃すこともあります。まさに私はそうでした。縁遠くなった理由を振り返ると、10代や20代など若さが大きなアドバンテージとなり、はつらつとした魅力に輝く年代はそれだけでモテる時期だというのに、ほぼ恋愛に興味がありませんでした。やがて自らの意思を持って35歳から婚活を始めた時には、自分より高収入なことは勿論、できれば性格が良くて、顔も良くて、自分が一人っ子のため相手の男性は次男だとベスト！　などと都合のいい条件を決めて出会いを求め、結果約１０００人もの男性と婚活することに……。

そもそも好きなアーティストや俳優の作品を聴いたり観たりしていると、私の場合、「こんなにカッコいい人がいるなんて！」「めっちゃ良い作品」と幸せな気分になって大満足。それだけで満たされた気持ちになって、稀に現実社会で好きになってくれる相手が現れたとしても、いわゆる推しの存在ほど惹かれるものを感じず、まったく興味が持てませんでした。

相手のことはまず容姿から知っていくことが多いですが、心を揺さぶるエンタメ作品に触れた時ほどの感動を現実社会で経験するようなことがそうそうあるわけではありません。ましてや芸能人のように周りから常に見られることによって磨きがかかり、日頃から人目を引く容姿でいるためにお金をかけられる境遇の一般人はなかなかいません。つまりドラマチックさに憧れ、面食いだった私は、自分のことは棚に上げて、リアルな恋愛とは遠い方向へと自ら歩いていた時期があったように思います。

このような考えではない方でも、自分の好みのタイプや理想とする相手が誰しもあるはず。ただ、「こういう人じゃないと無理」と出会う前から決めつけていると、それ以外の男性でも実はとても自分に合う相手だった……という〝嬉しい誤算〟を経験することもなくなります。自分で出会いの幅を狭めてしまうからです。

とはいえ、結婚相手を探すとなると、生活を共にするパートナーとなるわけですから、実際問題として経済力があった方がいい。一部の若い実業家のような方を除き、普通の会社員として考えれば、若ければ若いほどまだそれほど財力はない可能性が高いです。さらに、年齢が若いと真剣に結婚を考えるよりも、恋愛がメインとなるのは自然なこと。ということで、以前は私も結婚相手に年下という選択肢をあまり考えていなかったのですが、夫となった人は13歳年下でした。

出会った当時、私よりも年収が低く、まさか結婚相手になるとはまったく思っていませんでした。ですが、条件とは違ったものの、初対面なのになぜか2人で仲良くしている映像が瞬時にそばに視《み》えたんです。時々、宇宙からなのか、いつも守ってくれている存在からなのか、思いがけない方法でメッセージが送られてくる時があります。見えないものはないものだとするタイプの方だと気づかないかもしれませんが、理屈では説明できない見えないものもあると考える方であれば、生きている中で受け取るさまざまなサインに気づくことがあるのではないでしょうか。

私の場合も、夫ただ一人にだけ、それまで出会った多くの男性では起こらなかった、ビジュアルとしてのメッセージが視えたことが鮮烈に心に残り、やはり最終的に恋人から伴侶に。今では私より年収も高く、家族を支えてくれる頼もしい存在になりました。もしも出会った時に、「絶対結婚なんて考える年齢じゃないでしょ」とか「年収も低いしちょっとないなあ」などと、当初の条件にこだわりすぎて決めつけていたら、今の幸せはありませんでした。

恋愛や結婚に限らず、仕事でも何でも、決めつけすぎない勇気も、時には必要だと感じます。

1人ずつに最適なタイミング

頑張っているつもりなのに、なかなか良い結果を得ることができない。前はこのやり方でうまくいったのに、なぜか今はうまくいかない。思うように物事が進まなくて、気持ちばかりが焦ってしまう……。

いつも希望する通りに進むとは限らず、時にはつまずいてしまったり、大きく転んでケガをしてしまったり。晴れる日もあれば、雨の日もある。暑い日もあれば、寒い日も、穏やかに過ごせる心地よい日もあります。生活する中で、さまざまな日がグラデーションのように存在するということは、誰しもが経験していることではないでしょうか。

そんな時に、うまくいかない原因を探って対策を立てることや、内省して今後の決意を新たにすることで、転んでもただでは起きない気持ちで〝自分で自分を乗り越える〟ことができればいいですよね。

ですが、心身ともに疲弊してしまっている時は、クリーンな思考でいられないこともあります。仲良くしていた後輩の恋愛がうまくいって先を越されそう、出会いを探しているのにまったく手応えがなく同じ時期に恋人探しをしていた女友達はすぐに彼氏を見つけた、なぜ努力しているのに周りは自分のことを理解してくれないのか。そんなふうに、「あの子はあんなにうまくやっているのに、どうして私がこんな目に？」「何であの子だけ？」などと、うまくいっている（ように見える）他の誰かと自分を比べて、勝手に嫉妬して落ち込むような心理状態になる場合もあります。

私は婚活していた時、多くの男性と出会いましたが、結婚まで考えられるような人には出会えず、非常に落ち込むこともありました。そんな時に、周りが婚活しているからととりあえず婚活を始めた知人の女性は、婚活パーティーにちょっと通い始めただけですぐに結婚相手を見つけて、とんとん拍子に結婚。周りの婚活女性たちも驚くほどの早すぎる婚活終了宣言をしました。「婚活を始めたと耳にしたばかりなのに、もう結婚したの⁉」と、何でそんなに他人はうまくいくんだろうと思ったものです。

ですが、その女性と同じ婚活パーティーに私も一緒に参加していたとして、果たして同じように結婚相手を見つけることができたのか。その女性とまったく同じ行動を取ったところで、思うような展開に持っていくことかできたのか。きっと難しかったでしょう。なぜなら、その女性が「良い」と思う相手と自分の好みは違いますし、相手側の女性を選ぶ基準も人それぞれ。運が味方についたかどうかもわかりません。
成功者と思える人は羨望の眼差しで見られることが多いとはいえ、周りには見えないところでその人なりの努力をしていることや持ち前の運などの理由もあるため、それぞれにとってのベストな時にうまくいくのです。

落ち込んでいる時やつらい時期は、他人のことまで慮《おもんぱか》る心の余裕は持てないものですが、物事にはタイミングがあります。大きな視点で自分の運命を見た時に〝今はまだその時じゃない〟と宇宙（または神さまのような存在）が、判断している可能性もあります。

実際、私は約1000人の男性と婚活で出会ってから、結婚しました。それまでに出会った男性で条件の良い人もいましたし、自分さえ納得できれば関係が発展しそうな人もいましたが、どれも破局。その時々では大変でしたが、それもこれも、現在の夫と出会うまでの道のりだったのだとわかってからは、「そういうことだったんだな」「一見うまくいかないように見えることにも理由がある」「その理由は後になってわかるものだ」と実感しています。

答えは自分の中にあるので、他人と自分を比べる必要はないのです。

占いで運気の道しるべを知っておく

雑誌を開くと、巻末に「占い」が載っていることがあります。特に女性向けの雑誌やWEBサイトなどでは、「今日の占い」「毎月のホロスコープ」「あなたの恋愛運」といった、西洋占星術、東洋占星術、血液型占いの他、さまざまな種類の占いを目にする機会があります。

「占いなんて、どうせ適当なんでしょ？」と、頭から否定するタイプの方は占い欄自体に興味がないため、自分自身の判断のみで行動する、目に見えるものだけを信じる方が多いのかなと思います。その一方で、「ものすごく信じているわけではないけれど、占いがあったらとりあえず目を通す」という方や、「絶対に占いは見ます」という方などもいます。

私は後者で、気づくと占いに触れることが多く、「今日のラッキーカラーはこの色」とか「今月の星座占いによるとこんなことがあるらしい」など、行動のヒントをもらい、気持ちの持ち方を占いで鍛えられていたように思います。

占いの道具の1つであるタロットカードでは、拙いながらも自分の中で知りたいことをつぶやきながら、結果をカードに託して占ってみることも。神秘的なうえ、人の気持ちを占うこともできて、未来の状況への対策を練ることができるアイテムです。

また、大事な何かのある日が先にわかっていればその日が良い日かどうか、吉日ならいいけれどそうでなければどうやって不運を回避するか、多ジャンルの占いを見て対策します。

東洋から西洋までいろいろな占いが好きで、有名な先生に鑑定していただいたこともありますし、占いについての知識を培うお仕事をさせていただくなど、占術家の方とご一緒したこともありました。一流の占術家は、日頃から前向きな考え方をする方や、相手を安心させるような言葉選びをしている方が多いように感じます。

さらに、ミステリアスな世界という意味では、霊視ができるというスピリチュアルメッセンジャーの方に鑑定していただいたことも。その時は、占いの知識があるとは言わずに、普通に悩みを相談して鑑定に入ると、いわゆるコールド・リーディング（たくみな話術で実際には力がないのに相手をだましてもっともなことを言う手法）だとわかるような答えを出す方もいました。その経験から、鑑定士にはニセモノもいることを実感。もしも心が弱りきっている時なら、ニセモノにひっかかってしまう人もいるはずです。そもそも悩みごとがある時や道に迷った時に占う人が多いので、うっかりすると悪質な占い師やまったく霊能力のないスピリチュアリストなるものにハマってしまう方もいるかもしれません。

とはいえ、占いは「当たるも八卦《はっけ》当たらぬも八卦」と、結果が当たることもあれば外れることもあるものです。それを念頭に置いておくと、鵜呑みにしすぎず、適度な距離感で活用できるはず。信頼できる鑑定士の方は、相談者の悩みを真摯に聞いて、もしも悪い結果でもカバーする方法や良くなる時期も教えてくれます。ニセモノはその逆だと思って、相談する際は相手を見分けられるとベストです。

大体はその人の誕生日や生まれた時間などから運勢を導き出すことが多く、大まかな意味では、その時の天体の配置によって運勢を出す西洋占星術や、九星気学や四柱推命と呼ばれる東洋占星術が知られています。そういった王道から派生した占術や、占い師の方によるオリジナルの名称などでさらに細分化。

占いに限らず現実でも、一つ屋根の下に生まれた兄弟でも100%同じ性格にはならないように、同じ誕生日の人の占いでも、違うことが書いてある場合もあります。ですので、どの占いが自分に一番しっくりくるか、気になるものだけ見る、またはたまに参考にするというだけでもいいと思います。

もしも気になる人がいて、その人との相性を占う場合。良い結果なら良いですがそうではない時に、占いは「それでも相手のことが好きかどうか」というリトマス紙になることもあります。「占いで相性が悪いらしいから、やっぱり私たち合わないんだ」と離れるか、「この占いでは相性が悪いけど、だったら占い以上の絆を築いていこう」と相手への気遣いを忘れないようにするなど、結局のところは、自分でどう生かすかということなんです。

婚活でも仕事でも、勉強やスポーツなど何でもそうだと思いますが、自分でできることをすべてやったうえで「あとは天に任せる」という段階にくると、そこからはいわゆる〝運〟に任せるのみという状態。

まずは自分で行動したうえで、占いなどの目に見えない世界を頼りにしてみるのであれば安全な気がします。神社仏閣まいりにしてもそうです。神さまに願望を叶えてもらおうとお願いをするだけで、自分からは何一つ具体的な行動をしなければ、事は動きません。できる限り自分でもやれることをやって、神さまにお願いするのであれば、「十分努力しているからそろそろ叶えてやろうか」となるはずです。

占いには依存しすぎず、「当たればラッキー」ぐらいの気持ちで、楽しく活用するようにすると、毎日の生活に彩りを与えてくれるでしょう。

「新月の願いごと」も併用する

月というのは、何とも神秘的な存在です。太陽は明るくて男性らしさを感じさせるものだとすれば、月は女性らしさを感じさせる妖美なところがあります。

満月、半月、三日月、新月と表情を変えていく月。それだけでストーリー性があり、日本では「お月見」の習慣もありますが、月で餅をつくうさぎがいるように見られたり、海外では人間や他の動物に例えられていたり。月に帰っていくかぐや姫や、月を見ると狼男に変身する話もあるなど、イマジネーションを広げてくれるのが、月だといえます。

特に女性は月との関係が深いとされているようで、月経（漢字にも月が入っていますが）のサイクルは、月の満ち欠けするサイクルと似ているともいわれていますよね。

満月の日に出産する女性が多いという説もあります。

そんな神秘的な月に願いを託そう、というものが「新月の願いごと」です。

願いを叶える最も強い力があるとされる「新月」を見て祈りを捧げるのです。私が20年前から参考にしているのは、『魂の願い 新月のソウルメイキング』(２００３年発売／徳間書店／ジャン・スピラー著、東川恭子訳)。全米占星術界の重鎮の方が発表した本です。これまで私が無意識に行っていた見えないものへの感謝や願いというものが、宇宙のパワーを活用して願いを実現するといったことをベースにしている新月の願いごとにも、通じるところがあると知りました。

本が出版されてから20年経った現在までの間、さまざまな占い師の方やスピリチュアリストの方が自分なりのアレンジを加えながら、願いの仕方を細分化させて、月への願いをしましょう、と発表することも少なくありません。それだけ、月というもののが持つエネルギーがすごいという表れともいえます。

新月にお願いするのは、自身が奥底から望むことです。2個以上10個以内で願いを紙に書き、実行した日付も入れて、保存。新月になった時間から8時間以内に書くと最も新月のパワーが強いとされていて、新月になった時間に近いほど良いようです。参考にした本の日本語訳の方には書いていなかったのですが、私は西洋占星術において物事がうまくいきづらいとされる「ボイドタイム」も気にしながら、願いを整理。「前はこんなことを書いていた」「今月も同じ願いをしよう」などと、次に実行する際、以前の願いが叶ったのか、何か変化があったのかなども振り返ります。

つまり、それは自分自身と向き合う時間にもなるのです。本当に自分が望むことは何なのか、叶えたいことは何なのか？　宇宙に願いを叶えてもらおうと新月に託す、と人に言うと怪訝《けげん》な顔をする人もいるかもしれませんが、願いというのは叶えたい目標でもあり、それは現実でも何かしら自分で起こせるアクションでもあります。

婚活していた頃の私の定番の願いといえば、「自分が心から良いと思える男性と幸せな結婚ができる私になりたい」といったもの。願いごとをする際、たとえば「好きな人が振り向きますように」といった他人に対する願いは叶わないんです。あくまでも主役は自分。片想いの相手がいる場合は、「好きな人が振り向く魅力的な女性になる方法が見つかり、実行できる私になりたい」というように、自分を主軸に書くのがコツです。

かくして怒涛《どとう》のように新月へと願い続けた結婚の願いは、大いなる宇宙のパワーと新月のエネルギーにも導かれて、忘れた頃に無事に叶えられました。

自分の夢をビジュアライズしてみる

子どもの頃、将来の夢を聞かれて、何と答えていましたか？

偶然目にしたテレビや動画から、「あんなふうになりたい」「こんなことをやってみたいな」と、純粋な気持ちで夢を思い描いた方も少なくないはず。大人になってからは、美しいモデルの方に憧れてダイエットを始めたり、理想の上司を念頭に置いて仕事に励んだりする方もいると思います。

そもそもプロのアスリートの方は、最も良い状態で試合に挑んで良い結果を出すため、イメージトレーニングをして、マインドの面からもパフォーマンス力を高めていることは知られた話です。そうやって理想の未来へと運ぶためには、自分自身の未来の希望をいかに強く思い描けるかが大事。イマジネーションの翼を広げて、「未来図」を考えてみるのです。

例えば、「結婚したい」と思っている時。まずは出会いを探すため、婚活パーティーに参加するなど、行動に出るという現実的なアクションも必要。なぜなら、ただ家で待っているだけで理想の人が向こうから歩いてやってくるわけではないので、まず行動することです。そのうえでさらになりたい未来を思い描いていると、自分にとってちょうどいいタイミングで、良いご縁が結ばれるようになります。

私の場合、あらゆる婚活をしていましたから、たくさん出向くことで、多くの男性に出会いました。ですが、多くの男性に会うことが目的なわけではなく、探しているのは自分にとっての運命の人、ただ一人です。そこで、より具体的に未来のことを考えようと思いました。それもかなり大胆な、欲張りな未来です。

書き初めに一年の抱負を書くように、夢や目標を頭で考えているだけではなく、メモをしておいたり、手帳に書いておいたり。もっとわかりやすく「将来の夢」や「目標とする計画」などを可視化して脳にインプットするために、思い描く未来に近いものとして雑誌の切り抜きや自分の写真などを集めてコラージュする「未来図」を作ることがありました。未来の希望を具体化するので「未来図」としていますが、人によって呼び方はいろいろあります。私はそれをスマートフォンで写真に撮っておいて、外出中でもいつでも見たくなったら見ることができるようにして、夢いっぱいの未来↓もうすぐそうなるであろう現実、として理解し、行動しました。

婚活をしていると、第一段階としてはパートナーに出会うこと、第二段階としてはお付き合いを育んで結婚まで進むことが目標。それからさらに考えると、結婚式を挙げるか、挙げないか。挙式をするなら、神前式か人前式か教会式か。どんなドレスを着て、誰を招待して、どんなふうにお披露目をするのかなど、夢は広がります。

結婚式といえば、〝憧れのジューンブライド〟も人気です。そもそも欧米では、「6月に結婚すると必ず幸せになれる」という言い伝えがあって、それが日本でも広まったといわれています。そこで、結婚式をするなら6月がいいなと思った私は、未来図にも「ジューンブライドで結婚」と書いて幸せな結婚式のイメージ写真を貼っていました。

また、結婚したらこんなライフスタイルがいいな、と思うインテリアや家族の写真もノートに貼っていました。木のぬくもりを感じる部屋で、ママ（将来の自分のつもり）が子どもにごはんを作っている写真を住宅紹介のちらしや雑誌などから抜粋。さらに、俳優の松山ケンイチさんが演じた父親役で、家でパソコンをしながら仕事している場面の写真を雑誌から切り抜いて、自分の将来の夫のビジュアルイメージとして貼っていたんです。

ただ、正直なところ、忙しい時はその「未来図」の存在を忘れてしまうこともあったのですが、ふと思い出して「未来図」を振り返って見てみると、なんとコラージュしておいた夢が、ちゃんと現実になっていて自分でも驚きました。

夫と出会い、入籍して、6月に挙式。まさにジューンブライドだった私です。お相手像やウエディングドレスなども理想通り。夫はエンジニアで、家で仕事する時はまさに松ケンのその役のようにパソコンに向かって仕事していますし（顔はまったく似ていませんよ）、シチュエーションは「未来図」に描いたこととほぼ同じになりました。

現実的なタイプの方にとっては信じがたいかもしれませんが、心の領域に刻む〝願い〟はあなどれないものです。このことを〝宇宙が叶えてくれた〟と表現することもできますし、〝願いが引き寄せられた〟ともいえます。

いずれにしても、いろいろな思いを膨らませてワクワクすることは、心身ともにプラスの影響をもたらすので、お勧めしたいですね。

引き寄せたいものは明確な方がいい

今の自分にとって本当に必要なものは何だろう？

そう思った時にすぐに答えられる人なら、最も欲しているものをよく理解できているといえますが、それは表面的な願いではないかと少しだけ見方を変えてみると、より心から望むものがハッキリとすることがあります。なぜなら、願ったものは引き寄せられてしまうので、望む夢を現実にするためには、本当に自分が叶えたい願いを意識しておくことが大事だからです。

例えば、結婚適齢期といわれる年齢になっているのに、自分にはパートナーがいない。引き寄せたいものは勿論、素敵な恋人に決まっている！　となった時、実は周りに流されてそう思い込んでいるだけという場合もあります。女友達に彼氏ができて楽しいデートの話を聞かされていると、寂しい気持ちになることもあるでしょう。ですがそこで、自分も彼氏が欲しい、となるのは本当の望みではないこともあるのです。

ふいに独りになった寂しさを彼氏という存在で代用したいだけだったり、本当は独りの時間も十分に楽しく過ごせる趣味があるのに、周りに彼氏持ちが増えたから何となくつられているだけだったり。そうなると、「彼氏が欲しい」という願いはすぐに叶わないか、とりあえず恋人同士になれそうな相手が出てきても長く続かずに終わってしまうなど、「あれ？　本当に彼氏が欲しかったのかな」「何か余計に疲れた」と感じることもあり得るのです。

または、お給料で一人暮らしの生活をやりくりするのがやっとで、引き寄せたい願いといえば「お金が欲しい」になったとします。現実問題としてギリギリの経済状況で毎月暮らしていて、常に「お金がない」と焦る気持ちの方が強くなってしまうと、お金が欲しいことの前に「ない」という現実がクローズアップされてしまい、結果お金が入ってこないということも。

こういった場合、本当に欲しいのは彼氏やお金ではなく、心が豊かになるような人や出来事との出会いということもありますし、経済的な不安を解消できる行動を取れる自分になるという願いだと、叶いやすいといえます。

願うだけで引き寄せるなんて、「そんなわけないよ」と思ったとしても、ものは試し。一度やってみるのもいいのでは。極端な話ですが、願っただけで何でも叶うなら、みんな億万長者になったり、憧れのスターと結婚できたりするのかといえば、なりません。自分軸でいながら、本当に自分が望むことを願うと、それによって幸せになる現実が引き寄せられます。

億万長者になっても税金対策や寄付の依頼など、お金を巡り面倒なことがたくさんあるとか、スターと結婚できても浮気ばかりしてほとんど家にいなくて寂しい思いをするなど、表面上は良く見えていても、実際は違うという場合もあります。

私は引き寄せにしても、神社仏閣への願いにしても、それは自分の心の声を聞くためにも良いものだと思っています。引き寄せたいと思ったものといえば、真剣にお付き合いできる恋人、両親も含めた家族みんなが安心して暮らせることなど、笑顔にあふれた未来となるように願うことが多かったです。

とはいえ、婚活していてもうまく結果が出ないこともしばしば。それからは引き寄せたいパートナーのことは、より具体的に「こんな男性がいい」と、自分自身の気持ちを探求していきました。今思えばそういった、願いを具体的にしていく、心の整理整頓をするといったことは、願いだけではなく現実的な相手選びにも効果があったように感じます。

願いたいもの、つまり今の自分が必要とするもの。それがリアルに頭の中で想像できるようになると、潜在意識にもその願いが働きかけられて、知らず知らずのうちに自分自身の行動にも変化が訪れるはず。

目に見えない神さま、宇宙、もしくはいつも自分を守ってくれる守護霊さまのような存在。人によってどのようにとらえても、どのような呼び方をしても良いと思うのですが、そういった〝目に見えない大いなる存在〟を信じて、心を委ね、願いを伝える。

ただ、それだけ。後は、自分にとって良きタイミングで、すべてのことはうまくまわっていくようになります。

第二章

フィットする出会い方をセレクト

紹介は案外自分に合う出会いもある

実際に出会いを探している場合、まず、友達に紹介を頼んでください。

そこで友達に「すぐに言ってみよう」と行動できたなら、縁を掴むための第一歩は成功。中には「彼氏が欲しい」と口に出して言うのは気恥ずかしいという奥手な女性もいますが、恥ずかしさが先立って、迎えに来るかわからない恋人をただ待つというのは時間がもったいない。待っているだけで理想の男性がやってくるのは、童話の世界かドラマのラブストーリーだけだと思う方が賢明です。いざ「婚活するぞ！」と意気込んでみても、その気持ちをきちんと表に出さないことには何も始まらないのです。

私の場合は、まず「婚活市場とは何か？」を知ることから探り始めました。最初は口に出して言うのは少し抵抗があったので、こっそりとさまざまな出会い方や婚活の方法を先に把握することにしたのです。そこから、今の生活スタイルでできそうなことや自分でもどうにかついていけそうなこと、少しの勇気があれば踏み出せそうなことをピックアップ。調べているうちに、周りに婚活をし始める女性も増えてきたので、友達による紹介から始めて、合コンにも参加しだし、そのうちネット婚活や婚活パーティー、結婚相談所、時々イレギュラーな場所に出向くなど、多様な婚活スタイルに着手していきました。

行動していくうちに、良くも悪くも、だんだんどうアピールしていけばいいのか何となくわかってくるのですが、やはり婚活の場では、アピール上手が勝ちやすいです。ただでさえ短い時間しか与えられない合コンやパーティーでは、奥手な女性の存在感はどんどん薄くなっていくのを何度も見てきました。「まるで会社の面接のようだなぁ」とも思えてしまうような婚活での真剣勝負。ちょっと普段の自分を置いておいて、気になる相手の興味を引けるくらいには、自分のことを知ってもらうためにアピールしたいところです。ＳＮＳでの婚活でも何でも、結局は一対一で会った時、うまく自分のことを伝えられるかどうかが、鍵になります。

しかし、アピール下手な女性の場合、それがなかなか難しい時もあります。そこで自分のことをよく知っている友達に、合う人を紹介してもらう方法は安心です。知人などからの紹介の話は「合いそうだと思って」など、自分でも気づかなかった相性の良い男性を紹介される可能性もあります。

例えば私の友人のアクティブで可愛らしい女性は、甘いマスクで細身の男性が好みで、大抵は誰かからの紹介で知り合った男性と付き合っていました。ある日、初めて「この人、彼氏」と紹介される機会があったのですが、聞いていた彼女の好みとは全然違っていました。その後も、別れてはまた新しい彼氏を紹介される機会があったもののの、なぜか細身とは真逆の毎日筋トレでもしているかのようなゴツい体格の男性ばかり……。その度に、好みとは全然違うような？　と頭の中が謎だらけになるのですが、戸惑う私をよそに、2人はとっても仲良し。そんな様子を見ていると、「すごくお似合いの2人だな」と実感しました。

後で彼女の本音を聞くと、「全然タイプじゃないんだけど、私のことがすごく好きみたいで」と言うのです。一番好きなタイプではないけれど、たまたま紹介された男性が自分のことが好みで、大事にされている。好みにこだわっていたら繋がらなかったご縁ですし、好かれているから自分も好きになれるという男性には、紹介されないと出会わなかったかもしれません。

それを聞いて、そういう考え方もありだなと思いました。私の場合は、あまりにもかっこいい男性を前にすると緊張してしまうので、好みすぎない人の方がどこか安心するところがあります。さらに好みの男性と付き合えたとしても、実際に気が合うかどうかは、また別の話。無理して背伸びをしたり、どこか相手に気に入られようとして振る舞いが不自然になったり、むしろうまくいかないことも……。気楽に一緒にいられる男性の方が続くなあと感じます。

婚活でも、最初から理想のハードルを下げる必要はありませんが、あまりにも自分の「希望」や「条件」にこだわりすぎて男性選びの幅を狭めてしまうよりも〝条件に合うところが少しでもあればよし〟くらいの気持ちで向き合う方が、意外なタイミングで掘り出し人物が出てくる可能性もあります。

自分の性格を把握している人に紹介を頼むというのは、自分で気づかない相性の合う人を勧めてもらえるという新たな発見があるはずです。信頼できる人に後押ししてもらうと、緊張しがちな時も少し落ち着くことができますし、自分1人でどうにかしなくては……などと焦ることもありません。周りに協力してもらいながら、新しいご縁を掴んでいくというのも1つの手ですから、自分に合った方法で良縁に繋げてください。

呼ばれるうちが花の合コン

友人から合コンに誘われたり、自分から誰かにお願いして声をかけてもらったり。何かしらの知り合いと参加することが多いのが、合コンです。人に紹介を頼むことと同じように、近しい関係の人に合コンを頼める場合は、自分の好みの異性を把握してくれたうえで「あなたの好きそうなタイプの人も呼んでおいたよ」とセッティングしてくれる可能性もあります。一方、遠い関係の人から突然合コンの誘いが来た場合は、参加できなくなった欠席者の人数合わせのために呼ばれることもあるかもしれません。

いずれにしても、友人同士で一緒に参加するか、1人で参加するにしても知り合いはその場にいるであろう合コンは、まったく知らない場所へと出会いを探しに行くよりもまだ安心感があるものだといえます。

どこでどんな相手と知り合って良いご縁になっていくかは未知のもの。出会いの方法というのは、きっかけの1つにすぎないため、知り合う機会があって興味があるならば合コンに参加してみるのもいいでしょう。とはいえ、急に呼ばれた合コンや、ちょっと顔見知り程度の知り合いから声をかけられた合コンに参加する際は、自分に合うタイプを集めてくれているわけではないので、事前にどんな人たちが参加するのか確認しておくと安心です。

合コンに初めて行く年齢は人それぞれですが、私の場合、30代前半に初参加し、そのデビューは苦いものでした。私にとってあまり興味のない相手の仕事の話や趣味自慢(のように当時は聞こえてしまったのです、未熟でした)を聞かされても、「ふ~ん」という感想しか出てこないという、まったく男性ウケしない態度を取ってしまっていました。もしもその場が本当につまらないとしても、男性の前でうまく振る舞える女性なら、「それでどうしたの?」とか「すご~い!」などの相手が喜ぶ言動をすることができるはず。そんなことはまったくできない私でした。

私は1つのことに集中していると他のことがおろそかになってしまうところがあり、仕事が忙しい時は目の前のことだけを考えていました。彼氏がいてもいなくても気にならなかったため、誰かに紹介してもらうとか、合コンなどに行くという発想がまるでなかったんです。むしろ仕事も趣味も忙しい時は、彼氏ができると自分の時間を割くことになるので、30代前半で参加した初めての合コンでは、どこまでいってもやっぱり身が入りませんでした。

その後も何度か合コンに行く機会があったものの、とにかく適当にその場でおしゃべりして飲んで食べて、「じゃ、さよならー!」とそそくさとその場を後にすることばかり。振り返ると、真剣に恋人探しをするつもりがないのに参加するのは、忙しい中で都合をつけて参加している男性たちにも女性たちにも失礼だったと思います。

そして気づくと、アラフォーになっていたある日。婚活に目覚め、「合コンとかあったらいつでも声かけてね〜」なんて周りに言ってみるものの、以前と状況は違っていました。30代とはいえ、30代の前半ではいろいろとお声がかかっても、後半になってくるにつれて合コンには呼ばれにくくなっていったんです。

一緒に婚活していた女性たちは結婚して家庭を築いていたり、合コンを頼むにしても頼める人が減っていったり、アラフォー世代になると男性も合コンというライトな場には興味をなくしていたり。それに合コンには、大抵アラサーといわれる年齢層が多い様子。アラフォーはお呼びでないといったところか……と真剣に出会いを探すようになってみて、改めて愕然とした覚えがあります。

20代なら声がかかる機会も多いでしょうし、30代でも半ばまではそれなりに参加する場はあり、アラフォー以降の場合でも、あえて同世代を集めた合コンもあります。そういった参加しやすいタイプのものなら居心地が悪くなることはないでしょうが、合コンは〝呼ばれるうちが花〟ともいえるのだなと感じました。

とはいっても、年齢にかかわらず、合コンのような場に、合う人・合わない人はいます。合コンで楽しく飲んで帰る人は、大抵がその会で一番人気があってちやほやされる人か、合コン慣れしていて好みの異性とうまくいきそうな人。一方、合コンで疲れて帰る人は、大抵が人数合わせで呼ばれている人か、合コン慣れしていなくて居心地が悪くなってしまう人。他にもいろいろな要素はありますが、大きく分けてこれら2つが合コンに参加した人の印象。私の場合は、後者でした。

合コンは幹事の力量にかかっているところもありますが、呼ばれてくるメンバーがシブいものになるのか、華やかなものになるのかは、あなたがその幹事にどう見られているのかということにも繋がります。例えば、経済的にも余裕があり、彼女とまでいかなくても可愛い女性と知り合いたいという男性がそろう時は、男性たちと張り合ってくるようなキャリアウーマンではなく、男性の話を従順に聞いて話を盛り上げてくれるような年下女性が集められる印象。クリエイターや業界人のような男性がそろう時は、それらの仕事を「すごーい！」と素直に褒め称えて癒やしてくれるような可愛い女性が好まれていました。

好みは人それぞれではあるものの、男性から人気があるのは年齢問わず、心身ともに〝可愛い女性〟。そんな女性は同性からも好かれるタイプですし、外見だけではなく、性格がチャーミングという意味においての〝可愛い女性〟です。中には、男性の前でだけ、しかも飲み会の席などでだけ、可愛い自分を演出することが得意な女性がいます。でも、いつかほころびは出てくるため、その場だけを取り繕ってもご縁は長く続きません。自然体でいながら、誰かにとっての可愛い女性になれるとベストです。

もしも合コンに行くことがあって、「今日は大した男性がいなかったわ」「退屈だった」などという感想しか出てこない時は、相手からしても同じ感想を持たれている可能性大。人の価値を値踏みするクセがあるタイプは、相手からも同じように見られていることを忘れがちです。合コンに参加して、思っていた感じと違う……となっても、次にまた出会いのチャンスが来る時までの、ちょっとした学習の場だと思って、乗り切りましょう。きっと役に立つことがあるはずです。

婚活ができる多様なお店の活用

さまざまな恋活や婚活の方法がありますが、〝出会いの場〟の1つとして定着しているのが、婚活バーです。合コンよりも結婚を意識していて、婚活パーティーよりはガツガツとした印象がなく、友人と一緒に参加できる場所として、気軽に婚活バーに行く女性もいるようです。

私が婚活していた時は、婚活と名がつくバーって一体、何？　という感じで、さほど知名度は高くなかったのですが、今は認知度もアップ。以前はバーに足を運ぶのもハードルが高く、さらにバーで婚活できるといってもどんなふうになるのかなと、想像しづらくて行かない女性も少なくありませんでした。現在は利用者も増えているようなので、それほど気負わず行ける婚活の場の1つになったようです。

一口に婚活バーといっても、地域やお店によってスタイルが少し異なりますが、婚活していた女友達に誘われて、私も行ったことがあります。まず受付で、名前や住所、電話番号にメールアドレスや生年月日など、結構細かく個人情報を記入する用紙を渡されました。さらに、希望する男性の年齢やタイプなども書く欄があったように記憶しています。必要事項を全部記入し終わったら、お店の人に用紙を渡し、最後に身分証明書を提示して、確認が取れたら入店ＯＫ。

その時はまだ夜の早い時間に入店したこともあってか、店内には人がまばらで、遠くの席にだけ人が入り、男女の笑い声が響いていました。案内された席に座って、ドリンクをオーダー。男性は料金がかかるようですが、その婚活バーでは、女性は完全無料でした。用紙に記入した希望条件の男性客が来たら、こちらの席へ案内してくれるというシステムで、アラフォー女性2人でドキドキしながら相席する男性を待っていました。

待つこと10分、20分、30分、1時間……。結局のところ、その日はまさかの誰も来ないという結果に！　お店がオープンしてすぐの夕方頃に行ったために時間が早すぎたのか、それとも希望する男性像が身の程知らずすぎたのか、ほんのひと時のドキドキを味わっただけで、初めての婚活バー体験は終了しました。

後日わかったのは、やはり男性客が増えるのは、仕事や食事を終えてからの夜遅めの時間帯だったということと、男性客は〝若い女性〟目当てで来る人が多いということ。〝婚活〟とうたっていても〝恋活〟として利用する人が多いイメージですし、たとえ遅い時間に行っていたとしても、年齢的に条件が合わないからと、自分たちの席には男性客が来なかったでしょう。当時目新しい婚活スタイルだったので一応足を運んだものの、アラフォーの私たちが空振りしたのも仕方ありません。

ただ、「無料で（または安く）ちょうど空き時間があるし、出会いにも繫がることがあるのならばいい」ぐらいのスタンスで行くなら、有効活用できるはず。知り合いの紹介や合コンではあまり出会いが期待できない環境にいる女性で、初対面の人ともそれなりに話せるタイプならば、異業種の相手と知り合うきっかけにもなりそうです。

同じような初対面同士で出会う婚活バーの一種に、大阪発のスイッチバーというものもあります。私は行ったことはないのですが、スタンディングのバーで、平日でも20〜30代の男女が集まり、男性の比率が高いようです。チケットオーダー制で、男性より女性のほうが割安だそう。私が行った婚活バーでは半個室のようなスペースで相手が来るまで待たなくてはいけませんでしたが、スイッチバーは待たなくてOK。さらに、スイッチャーと呼ばれる店員さんがいて、気になる他のお客さんと繫いでくれたり、盛り上げたりしてくれるのだとか。結婚相談所の〝アドバイザー〟のような存在でしょうか。そのような役割の方がいると心強いものです。

他にも、婚活希望の男女を相席させる、婚活居酒屋が増えています。以前、土佐料理をいただきながら婚活中の男女が出会えるお店があることを知りました。特徴的なのは、占いをしてくれる女将《おかみ》がいるということ。気になるものの、利用しないままになりましたが、まだお店はあるのかどうか。こんなふうに、恋活や婚活とリンクしたお店は、毎年増減しています。

ここまでご紹介したのは、お酒が飲めるお店という婚活の場ですが、お茶を飲むバージョンの婚活カフェもあります。婚活パーティーのように自己紹介となる用紙に記入して、時間を区切って何人かと話せるシステムのようです。今後、いろいろなニーズに合わせたお店がまた登場するでしょう。出会いのきっかけはどんなものだったとしても、自分にとっての〝運命の人〟ただ一人に会えさえすればいいのですから、利用できるものは活用した方がいいです。

ただし、リーズナブルに出会える場には、ただの遊び目的の男性も潜んでいる可能性があります。そういった男性にひっかからないように、相手や出会いの場をよく見極めながら、自分に合った方法でパートナーを見つけてみてください。

多彩なスタイルの婚活パーティー

私が婚活で一番利用したのは、婚活パーティーでした。恋活的な雰囲気のカジュアルなものから、お見合いに近いような少人数のものまで、企画内容や男女の年齢層、職業などによって、そして開催する会社の毛色によって多種類あります。

パーティーと聞くと、行ったことのない方にとってはかしこまった印象を持つ方や、反対にラフな場所を想像する方もいるのですが、真面目に結婚を考えている男女の参加が多く、お見合いの場合の「釣書」といえる「自己紹介カード（プロフィール）」

を交換するところが多かったです。現在は事前にアプリをダウンロードしてからプロフィールを入力するパターンもあるようですが、私が婚活していた頃は、パーティー会場に到着してから「自己紹介カード」をその場で記入。お互いに限られた時間の中で、そのカードを見ながら2人で話す（お見合いする）ので、参加人数が多ければ多いほど、本気度が高ければ高いほど、結構エネルギーを消耗します。

婚活パーティーでオーソドックスなものというと、年齢層で区切っているもの。会場には男女2人が向かい合える小さいテーブルと椅子があり、数分ごとに横の席へと男性側が移動していくスタイル。相手が着席している間は、用意している自分のプロフィールをお互いに交換して、そこから共通項を探して、会話します。

主催する会社によって、誠実そうなサラリーマンの30代から40代の男性が集まりやすい婚活パーティーや、ちょっとギャル系の20代から30代の男性が多いところ、堅実そうだけれど一見地味な雰囲気の40代前後の男性が多いところなど、同じ婚活パーティーといえど、集まる方々のカラーが異なります。他には、最初から堂々と年収◯◯万円以上のエリート男性のみ参加とうたっているものや、ノンスモーカーを条件にしたもの、再婚に理解のある人向けのものと、実に幅広いジャンルがあります。

2019年から婚活体験などを連載させていただいているマガジンハウスのメディア「ananweb」では、私が婚活していた際に最も利用していた婚活パーティーの会社に潜入レポートさせていただいたこともありました。時代に合わせてアップデートされた婚活パーティーを開催していて、選択肢も広がっていくんだなと実感。どのようなスタイルのパーティーに参加すれば、自分は一番しっくりくるのか？ そういったことも念頭に置くと、婚活しやすくなります。

通常の婚活パーティーは一気にたくさんの異性と出会えるのでコストパフォーマンスは良く、普段は出会わないような職種の人とも直接知り合えるチャンスです。

ただ、短い時間にお互いのプロフィールを咀嚼《そしゃく》して会話をすることを何度も続けるのは気合が必要となります。いいなと思った相手と自由に連絡先を交換できるタイプや、最終結果でマッチングした相手のみ発表されるタイプなど、パーティーのスタイルもさまざま。カップリングした男女がその後2人でお茶をする流れの婚活パーティーだと、その時のためにパーティーの後のスケジュールを空けておく必要も出てくるため、他のパーティーとはしごをするのは少々厳しくなります。ですので、1日のうちにもしもパーティーを掛け持ちするならば、2件が限度です。

婚活パーティーは、会場に主催側のアテンダーや司会者がいるので安心感がある半面、参加者が多いほど、誰と何を話したか混乱してしまうこともないとはいえません。私は大人数のものに参加するのに疲れてしまった時は、少人数で実施される個室型の婚活パーティーに参加していました。区切られたスペースに移動していくタイプの個室の婚活パーティーは、ちょっとしたお見合いのような規模感。結婚相談所のお見合いのように一対一ではなく、少人数の男女が集まり、完全個室ではないものの1つずつが区切られたスペースで着席して、落ち着いて会話ができるスタイルでした。隣の声は聞こえますが、自分たちも必死で会話をしているので気になりません。

私の場合、紹介や合コン↓大勢の婚活パーティーに参加↓個室の婚活パーティーに参加↓ネット婚活↓結婚相談所のお見合い↓振り出しに戻る、というような感じで1つだけに留まらずにいくつかの出会いの場に足を運びました。ネット婚活をしながらパーティーに参加し、結婚相談所でお見合いもするというように、並行して活動していたこともあります。

婚活パーティーは、ここまでお話ししてきたオーソドックスなタイプのもの以外にも、猫好きにはたまらない猫カフェでの婚活や、みんなでたこ焼きを焼きながらのたこパ婚活、オタク婚活や趣味婚活など、多種多様なものが登場しています。

猫カフェの婚活に行った時は、もともと猫好きということもあって、「猫とも触れ合えるうえ素敵な異性にも出会えたら言うことなし！」という一方で、「もしも気になる男性に出会えなくても、猫とモフモフできたらそれでいいや‼」とも思って参加しました。結果、猫カフェの婚活ではピンとくる人に出会わなかったのですが、可愛い猫たちに癒やされてほっこり。さらに、夫と出会ったのは〝たこパ〟だったため、必ずしも結婚相談所のようなガチな出会いに限らずとも、変わり種の婚活の場にも赤い糸が繋がっていることがありますから、いつどこで何が起きるかはわかりません。

1つのことで落ち込むようなことがあったり、疲れてしまうようなことがあったりしても、そこで諦めることはないんです。もしも婚活ループから抜け出せなくなったとしても、続けることで、脱出できる。継続は力なりですので、試してみてください。

婚活サイトや婚活アプリで知り合う

今ではすっかり当たり前になっているSNS。昔は結構ハードルが高いと思われていたオンラインでの婚活も、最近ではずいぶんと身近になっていますよね。どんな相手と繋がることになるかわからず、相手が公開している情報の真意も確かめきれないため、ある程度の危険がないともいえませんが、普段なら知り合わないような人と知り合える利点があります。

人の紹介や合コンでは場疲れしてしまって、なかなかいい人に巡り合えない。
婚活パーティーに行くことにまだ少し戸惑いがある。
真剣に出会いを探しているけれど、結婚相談所に入る勇気がない。

そんな女性が気軽に始められるのが、婚活サイトやアプリでの出会い探しだといえるでしょう。昨今はコロナ禍での活動自粛などもあったため、なおさらオンラインでの出会い探しは利用される機会が上昇。実際にどこかへ出向かなくても、自宅にいながら、スマートフォンやパソコン1つで自分好みの男性を探すことができるのですから、便利に違いありません。

株式会社リクルートが運営する「リクルートブライダル総研」が発表したインターネットによるアンケート調査「婚活実態調査２０２３」（※）によると、恋愛もしくは結婚したいと思っている恋人のいない20〜40代の独身者における婚活サービス利用者で、恋人ができた割合は49・5％と、過去最高を記録したのだそうです。さらには、２０２２年の婚姻者のうち、婚活サービスを利用して結婚した人は15・４％。その内訳として、ネット系婚活サービスを通じて結婚した割合が最も高かったことが判明しました。

私も婚活期間は、主には婚活サイトに登録したのですが、運営会社によって登録している男女のタイプが違ったり、どこまでどんなプロフィールを打ち出すかというシステムが違ったり、勿論金額もそれぞれですから、自分に合ったところを探しました。

ここで肝心なのは、まずその婚活サイトや婚活アプリが、本当に「結婚向き」かどうかを確認することです。

なぜなら〝婚活〟とうたっているサイトでも、恋活メイン（恋人探し）の利用者が多いものもあれば、真剣に結婚を考えている人が多いところもあります。すぐにでも「いい人がいれば結婚したい」と思っているのに、ただ単に、気軽に相手探しをしているだけの男性もいるので要注意。うっかりそんな相手と出会ってしまうと、そこから実際に結婚するまでは時間がかかりますし、遊び目的の男性にひっかかるかもしれないというデメリットもあります。また、年齢層が低いところだと、アラフォーが参加すると確実に浮くこともありますし、登録しているのはどんなタイプの人が多いのか、きちんと確認してから利用したいもの。

私が婚活サイトを利用していた時は、まず信頼できる運営会社のサイトを選びました。その婚活サービスでは、名前はニックネームで、年齢、血液型、住んでいる場所、職種、趣味、自己PRといった自己紹介用のプロフィールを登録。実際に顔写真を掲載している人もいて（任意で選べるようになっていました）、写真がある人の方が、より相手の雰囲気を掴みやすかったです。

その中で希望する相手の条件を入力。相手の希望条件にも自分が当てはまると、お互いの条件がマッチして表示される仕組みでした。そこで感じたのは、結構「自己PR」がすべてだということ。どのくらい結婚の意思があるのか、メッセージに表れている感じがしました。何も自己PRを入れていない人、プロフィールも適当にちょっとしか載せていない人は、あまり真剣味が感じられません。

とりあえず暇つぶしに婚活サイトを使ってみたという人は別として、本当に結婚相手を探したくて登録していても、毎日仕事に追われてきちんと自己紹介が書けない人や、真剣なのに文章で自分を語るのが苦手でついサッパリしすぎた内容になってしまう人もいるはず。ですが、婚活サイトでは、まずは自己紹介が最初に目にする画面になるので、ここだけでも力を入れて書いた方がその後もスムーズです。

そうやって、まず1つの婚活サイトをベースに、「他の運営会社はどんな感じなのかな?」と思い、出会いの幅を広げるために違う婚活サイトにも登録していました。自己紹介を登録して、相手探しをするという基本はどこも同じですが、掲示する内容が若干異なっていたり、入会している男女の年齢層などもちょっと違っていたり。婚活するうえでの参考になりました。

安心できると思って登録した婚活サイトだとしても、中には不真面目な男性が登録している可能性もないとは言い切れませんが、大抵の人たちは本気です。入会するのが簡単でハードルが低いからといって、入っている人たちもそれなりの人ばかりというわけではありません。ただ、婚活サイトやアプリでは膨大な数の異性と知り合える半面、素性が不確かな人もいて、妙な男性に当たらないためにも、きちんと「独身証明書」の提出をしたうえで利用できる婚活サイトが安全です。

私もご縁を探して、婚活サイトで知り合った男性と2人で会ったこともあります。

多様な職種の方とお話しする機会にもなるので、安心できる婚活サイトであれば、真剣に結婚を考えている男性とも出会うことができます。できれば実績のあるところか、大手結婚相談所などが運営している婚活サイトやアプリなどに登録すると、より安心して利用できます。実際に、私の友人には婚活サイトで知り合った男性と結婚した女性たちもいます。

出会いがない、人が多い場所は疲れる、いつでもどこでも好みの男性を探したいという女性は、一度オンラインでの婚活を試してみるのもいいでしょう。

※　婚活実態調査2023
https://www.recruit.co.jp/newsroom/pressrelease/2023/0921_12627.html

結婚相談所でサポートを受ける

「結婚相談所」は、より結婚に真剣に向き合う男女が集まる場所。だからこそ、結婚したい気持ちが強ければ強いほど、結婚相談所は手堅い出会いの場だといえます。とはいっても、婚活をしている女性にとって、「じゃあちょっと入ってみようかな」とカンタンに入会しようと思えるほど、ハードルが低い場所ではありません。

やはり合コンや婚活サイトやアプリでの出会い探しと違って、明らかに費用が高いですし、婚活女性からよく聞く言葉としては、「今はそこまでして（結婚相談所に入ってまで）出会いを探したくない」というものや「結婚相談所は最後の砦という感じがする」というものも。出会いを探す時の最初の第一歩として利用するには、少々腰が引ける場なのが、結婚相談所なのです。

確かに、私も結婚相談所に入会する時は、熟考しました。心のどこかに、恋愛の延長線上で結婚したいという思いがあり、結婚相談所の「お見合いスタイル」は、最初からガッツリと結婚前提となるために、あまりときめかない気がしていたんです。

ですが、それなりに高い費用を払ってまで登録している男女は結婚への意識が高いため、話が早いです。独身証明書は勿論のこと、収入証明書や卒業証明書など、身分を提示する正式な書類がいくつか必要。しっかりとした審査を経て、ウソも見栄もないありのままの自分で相手と釣書を交わすのですから、これほど身元が確実なところはありません。他の婚活方法より、絶対的な信頼感があります。

さらには、仲人さんのような結婚コンサルタントもいて、自分が理想とする結婚相手の条件に合っている人や、「こういう方も良いのでは」と思いがけない視点から合う人を勧めてくれるなど、婚活をサポートしてくれる存在がいるというのが大きな特徴。もしも1人で迷うことや困ることがあっても、相談できる存在がいるのは、安心感があります。

そんな結婚相談所も、会社によって特徴はさまざま。30代の登録者が多いところもあれば40代や50代以上が多いところもあります。さりげなくサポートしてくれるアドバイザーもいれば、強めに合う人を紹介するタイプのアドバイザーがいるところも。会員数や男女の比率、毎月の紹介人数、全国の実店舗数、成婚率、実際に会う以外にオンラインでも利用できる会社など、自分自身がどこにポイントを置くかによって、選ぶ結婚相談所が変わってくるはず。

私が結婚相談所に入会する前にまずやったことは、数ある結婚相談所の中から、その会社が提供している内容がどんなものかを調べて、気になる会社を数社まで厳選。さらにWEBなどだけで見ている会社情報よりも、実際に足を運んだ方が雰囲気は伝わりやすいため、「この結婚相談所に入るとどんな感じなのか」を知るために、通勤途中で行きやすい結婚相談所の実店舗に行き、それぞれの会社のアドバイザーや受付の方などとお話ししました。

そこでお話を聞いている間も、その結婚相談所に入会している方々が来店されるのを横目で見ながら、リアルにどんな感じの方が会員なのかもわかりましたし、自分が入会したらどんなふうに進行していくのか、より具体的に把握することもできました。各社からパンフレットをいただき、家に帰ってからもじっくりと考えた結果、私の場合は会員数最大規模で、実際に店舗内やアドバイザーの印象が良かったところに決定。入会した結婚相談所では、毎月自分の希望条件に合う男性を紹介してくれるだけでなく、結婚相談所主催のパーティーもバリエーション豊かに開催されていたので、より活動の幅も出会いも広がると思ったのです。

その結婚相談所でお見合いをした男性の1人は、「会社がこのサービス（結婚相談所）と連携していて登録しているんですよ」とお話しされていました。その方が勤めている会社と結婚相談所がグループ会社なので、一般の方よりも割安で入会できてお得だったとのこと。また、その男性は、結婚について考えてはいたけれど仕事が忙しく、自分から結婚相談所を探して入るのはハードルが高かったけれど、ここは会社でも知っている人が入会しているからハードルが低くなって入会しやすかった、とも言っていました。

確かに、会社と紐づくところだと身近で信頼できるうえ、知り合いも入会している結婚相談所なら入会してみようかな、と背中を押されることでしょう。社内結婚を後押しする企業も増えていると聞いたことがありますが、そういった企業はママの育休は勿論、パパの育休も取得しやすいなど職場の理解を得やすい環境なのかもしれません。ですので、婚活するのに少し勇気がいる場合、会社に結婚支援があるか確認してみるのもいいでしょう。

私の場合は自力で婚活していましたが、結婚相談所にしても一番納得できるところを選んで入りさえしてしまえば、1人で活動するよりも安全なうえスピード感もアップ。サポートしてくれる人がいるため、後はさくさく行動するのみでした。結婚相談所に入るまではハードルが高いですが、入ってしまえば何てことはありません。

結婚相談所の良いところといえば、控えめなタイプの方だとなおさら、相性の良い相手との出会いを進行してくれるアドバイザーがいることは最大のメリットのはず。私の場合は、自分で動きたいところもあって他の婚活も並行して活用していましたが、そういった性格だからこそ、「まったくの他人から客観的に見た私に似合う人ってどんな人だろう？」という関心もありました。

結婚相談所でも婚活サイトでも、婚活では写真を掲載する場面がよくあります。最初はそれまでに撮っていた何てことない写真の中から写りの良いものを選んで掲載していましたが、次第に写真の重要性に気づき、街の写真館でメイクして撮影してもらうこともありました。婚活が長かったため、何枚目かの写真を用意する際には、当時、結婚できるお見合い写真を撮ってくれるとウワサになった写真館に行ったことも。まるで芸能人の方のように公園で緑に囲まれながら写真撮影したのですが、それも、今では良い思い出です。

婚活はどのようなスタイルでしてもいいものですから、いろいろな婚活場所の選択肢を持っていると、どれが一番良いのか、自分でもわかるようになるはずです。無理のない選択をして、良いご縁が結ばれますように。

第三章

運命の人に出会うまでの道

本当は結婚したくない可能性、結婚したい可能性

今は寿退社といわれる「結婚するから仕事をやめる」という選択をする女性は少なくなっていますが、それでも結婚の後に出産が重なるような時は、区切りをつけて退職をする方は少なくありません。そういった場面に遭遇する機会の多い女性の多い職場にいる場合や、学生時代の友人からのお誘いや同窓会など知り合いに既婚者が多い場所に参加する際、何となく自分だけ独身だと肩身が狭いような気がしてしまう……という女性は多いようです。

昔は25歳頃が結婚適齢期だと思われていた時代もあったことから、娘の年齢が20代後半になってくると、「彼氏はいるの?」「結婚は?」などと親が心配する家庭もあるでしょう。娘が30代も半ばになろうものなら、「いい人を見つけてあげるから」などと、勝手に結婚相手を親が探してくるような場合や、昨今は親が子のために代理でお見合

いをするようなサービスも登場しています。

私の場合、周りも比較的結婚が遅い女性が多いような環境にいたため、独身だからといってそれほど肩身の狭さを感じることがありませんでした。30代後半になると、父親は「誰か探したろうか」と独り身の私を案じるようなことを言った時もありましたが、基本的には両親とも結婚に限らず、どんなことにおいても生き方に強く干渉してくるようなことはなかったです。10代の時から憧れた編集やライターの仕事に就くことができて現在に至っているので、「好きなようにやりや」と、私の生き方を尊重してくれた両親には心から感謝しています。

ただ、親からはあまり干渉されない、職場でも結婚を焦ることがないということで、仕事や趣味に没頭しているとあっという間に35歳を迎えたわけです。私の場合は、一人っ子ということもあって、「結婚して血を繋がなければ」という思いもありました。そのため、35歳からと遅いスタートでしたが、婚活に一念発起したのです。

ですが、私とは真逆の環境にいるとか、独身で肩身が狭いから婚活をと考えている方の中で、「結婚しなきゃ」と心の底から感じている人はどのくらいいるでしょうか。もしかすると、周りが結婚しだしたから「自分も結婚しなくちゃいけない」と思い込んでいたり、親からいろいろと言われたくないからと「結婚相手を見つければいいんでしょ」と、とりあえずの婚活をしていたりする場合も考えられます。実のところ、周りに流されているだけで、本当は「結婚したくない」可能性はないでしょうか。本当に結婚したいと思って出会いを求めるのはいいのですが、本心では違うにもかかわらず、何となく結婚しなきゃと思い込んでいることもあります。

また、それとは別に、婚活にはさまざまなサービスが登場していて、婚活自体がカジュアルな存在として世間に浸透してきているのに、未だに「婚活してまで結婚したくない」という人も。〝自然の出会い〟にこだわっていると、人が介在する〝婚活〟に否定的なイメージを持つタイプもいるのです。

世の中には全然出会いのない職場があったり、婚活に興味はなくても婚活する人を否定しないというフラットな思考がなかったりすると、「婚活するなんてバカバカしいからそこまでして結婚したくない」と思ってしまうこともあるようですが、それはもったいない考え方だと思います。

本当は結婚しなくても平気なのに、結婚したいと思っていないか。

本当は婚活しなくては出会いがないのに、そこまでして結婚したくないと妙に見栄を張っていないか。

もしも恋愛や結婚でつまずいたり、今の状況にモヤモヤしたものを感じることがあるなら、自分の心の声をよく聞いて判断してください。本音で歩く道を選択できたら、気持ちが楽になるはずです。

理想の家庭像をイメージする

出会いの場に足を運んでいても、なかなか理想の相手に出会えないことがあります。もともとインスピレーション重視のタイプならば、「ピンとこない」状態が続くということでもありますし、条件を重視するタイプならば、希望を満たす条件の人がいないということでもあります。そんな時に、友人から「彼氏ができた」「婚活でいい人と知り合った」などという話を聞くと、どうして私は出会えないのだろう？　と、溜め息が出てしまうのも仕方がありません。

そのままネガティブな感情を抱き続けて、表面上だけ奇麗なファッションに身を包んで婚活に励んでみても、良い結果を得られるとは限らないものです。何かしらの沈んだ雰囲気は相手に伝わってしまうもので、外見だけを磨いてみても、相手が惹かれる何かが欠けてしまうこともあれば、一見うまくいったように思えても「やっぱりこの人とは合わないな」と気づいて結局、離れてしまうことも起こり得るものです。

だからこそ、なるべく普段からワクワク、ドキドキするような前向きさを持っていられるのが理想的。容姿端麗でいなければいけないこともなく、とびきり性格が良いということでもない。けれども〝その人自身が放っている幸せな空気感〟のようなものに触れると、人はなぜだか安心できたり、心を開いたりしてしまう。言うなれば、そんな不思議な魅力を持つ女性に誰しもなれるはずなんです。

毎日ニコニコしていられる人は多くありません。生きていると、嫌なこともあれば疲れることもあるからです。そんな時に、良いイメージを自分でキープし続けるのが難しい場合、「ちょっといいな」と思う女性を参考にしたり、仲良くできたりするといいでしょう。

結婚したいと望む女性であれば、恋人のいる未婚女性と仲良くなって、相手がいる状態をイメージングするよりも〝既に結婚している〟という紛れもない事実を持つ既婚女性をモデルにする方が確実。ここでたとえば海外の富豪と結婚したセレブ妻を探すのではなく、身近ながら少し憧れるような人がベストなのは、仲良くしたい相手が自分とはかけ離れすぎた環境にいると、まずはその環境にしっくりくる自分になることが先決になってしまうからです。相手が必要な結婚という理想を叶えるためには、現実にはさらに時間がかかることもありそうです。

ですので、「ちょっといいな」という感覚で見られる人は、「頑張ったら自分でもなれるかな」と感じるぐらいの距離感ともいえます。その方が、より具体的に自分の将来の家庭像も描きやすくなりますし、参考にもなります。ただ、間違っても、いつも家庭の愚痴ばかりを言っているような女性は、参考にしないに限ります。

婚活友達と一緒に、幸せな将来の自分を想像して頑張ろうね、と言っていたとしても、どちらかに先に良い出会いがあったり、状況が変わったりすると、途端にそのバランスが崩れてしまうこともあります。そのため、独身女性より既婚女性の方が、結婚という意味においては参考にしやすいのです。

また、既婚女性なら、うまくいかない自分の婚活状況を話しても、余裕を持って話を聞いてくれるでしょうし、結婚したからこその視点で何かアドバイスをしてくれることもあるはず。そういったいろいろな面で考えても、「ちょっといいな」と思う既婚女性と仲良くするのは悪いことではありません。

中には、身近にそんな人はいないよ、という場合もあるはず。そんな時は、理想とする未来の家庭像を自分自身で強く思い浮かべるのでもいいでしょう。幸せなイメージを常に持ちながら、なるべく理想に近づけるように過ごせるとベストです。いずれにしても、できれば和やかな気持ちで、運命の人に見つけてもらえる自分をイメージしていきましょう。

婚活友達は続かない⁉

婚活パーティーや合コンに参加して、いいなと思った男性に選ばれなくてマッチングしなかったことや、そもそもピンとくる男性がいなかったことや、何が理由かわからないけれどどうまくカップリングしなかったことがありました。

そんな時は、自分と同じようにその婚活パーティーに参加しながらも、カップリングしなかった独身女性と「今日はどこから来たんですか？」「いつもこういうパーティーに来ているんですか？」などとおしゃべりしていると、「せっかくだからお茶でもしましょうか⁉」と、参加女性同士で距離が縮まることがよくありました。

参加女性同士では、その日に来ていた参加男性のことや、それまでの婚活話をおしゃべりしながら、他の婚活イベントの様子や情報を仕入れたり、マッチングしなかったガッカリ感を共有し合ったり。本来はお目当ての男性とうまくいく方が良いのでしょうが、そうとはならず同じ境遇に陥ってしまった女性同士でなぐさめ合い、励まし合うのも、これはこれで意味のある時間。なぜなら、婚活現場で知り合った女友達から、その後、飲み会に誘ってもらうことや違うパーティーに一緒に参加することもあるなど、婚活の行動範囲を広げられるからです。

ですが、そう思っていられるのは、お互いに良い状態でいられる時のみなのが〝婚活友達〟だといえるでしょう。飲み会などに誘い合って「いい人がいるとイイね！」なんて言い合っているうちは、擬似親友のような状態。忘れてはいけないのは、もともと婚活友達は〝婚活のライバル〟であるということです。

学校や職場のように長い時間を一緒に過ごしている関係性ではなく、婚活の場で知り合った婚活友達の中には、長い婚活期間で少しメンタルが不安定になっている人もいるなど、いろいろな女性を見てきました。婚活の合間で繋がったご縁だから、お互いにうまくいっていない時の方が仲良くなれるようで、どちらかの婚活が成功している時に、本当に心の底から婚活友達の幸せを祝えるのかは、なかなか難しいところもあるようです。

そういった女性たちとの「女子会」にもたくさん参加してきましたが、婚活真っ最中の時に女子会が活発になりすぎると婚期を逃しやすいというジンクスもあります。きっと婚活女性が集まって情報を集めすぎる結果、頭でっかちになってしまうからというのも理由の1つ。ですが、ぼんやりと1人で婚活しようかと悩むよりは、婚活友達がいて、そっと自分の背中を押してくれるのは有り難い側面もあります。

その一方、うまくそれらの情報を自分の中に落とし込めないタイプの方や、女性同士で本音を言い合える場にいるとリラックスできて「やっぱり女子会だと気が楽だわ」と思う人ほど、本当は男性とどんどん会っていきたい時期なのに女子会ばかりに顔を出してしまう……という、本末転倒ともいうべき事態に陥ってしまうことも。

さらに気をつけたいのは、女子会で「うまくいかない」と婚活の愚痴を吐き出している女性が、実は裏ではしっかりとお見合いが成功していることもあります。定期的に会う女子会メンバーがいたとしても、気づくと彼氏の話をしだして恋活や婚活がうまくいっていると知り驚くことや、実際の結婚へ向けて1人、2人とだんだん参加メンバーが減っていくという事態もあり得ます。婚活友達は頼もしい存在になる時期があるものの、所詮はライバル同士。盛んに女子会ばかりに参加している時間があったら、その時間を男性と会う時間に費やすと出会いも増えます。

婚活友達の中で思い出すのは、婚活中に知り合って仲良くなった、年上彼女と年下彼氏の組み合わせのカップルのことです。2人は「飲み会を開くのが趣味」だと言って、毎月のように男女を集めて飲み会を開いていたところに声をかけてくれて、婚活がうまくいかない時や落ち込んだ時にすぐ駆けつけて励ましてくれるような優しいカップルでした。すっかり心を開いていたからこそ、さらに出会いが広がるならと、私も他の婚活友達を誘って、彼らの飲み会に参加することがありました。

しかし、そのカップルや周辺の一部の人たちが、こっそりと私の友達に声をかけて、「別で飲み会があるからおいで」と、普通の誘いに見せかけて呼び出し、商品を売ろうとする妙な動きをしていたそうです。そのことを呼び出されたという婚活友達から後になって聞かされて、「品物を売りつける？」と何のことを言っているのかまったく理解ができず、一体何が起きているんだろう？　と信じられませんでした。

本来なら、呼び出された時点で相談してくれれば私も対処できたところ、そこはその女性の判断でもう1人別の婚活友達を連れて誘いに乗ってしまった、とのこと。もしかして私もそのカップルの裏の顔を知っていたのではという憤りをぶつけられ、まったく関与していなかったので非常にショックを受けた出来事がありました。そもそものカップルや飲み会の人たちに私自身は一切、商品を売りつけられることはなく、むしろとても親切だったうえ、善意のつもりで友達を誘った飲み会の裏で、婚活友達がそんなことになっていたなんて……。

それが事実なのか、そして事実なら自分は良からぬことの媒介に利用されてしまったのか、またはそう言ってきた女性が誤認しているのか。一気にそれらの人間関係に疲労困憊《こんぱい》し、婚活疲れもあいまって、人間不信になりました。結果、この時の婚活友達（だと思っていた人たち）とはその後、縁を切りました。

ここまでの事態は極端な例かもしれませんが、婚活で知り合う人は男女問わず、その背景が明確ではないこともあります。その場、その時、自分にとって必要なことがあったら、誰かと繋がりが生まれることもあれば、ご縁が消えることもある。婚活に限らず、本当に大事なご縁ならば、男女問わず続いていきますし、一度切れてしまったと思っても再び繋がることがあるでしょう。

婚活しているとさまざまな人に出会いますが、つらいことがあったとしても、最終的に自分にとって良いご縁だけが手元に残ることを実感しています。ですから、もしも私と同じような経験をすることがあったとしても、最後には自分にとって必要なご縁だけが繋がっているので安心してください。

溜まってしまう婚活ストレスの解消法

「今日こそは、出会えるはず」と、意気込んで行った合コンや婚活パーティー。でも、パーティーが終わってみると、私の場合は「またか」と溜め息をつくことがほとんどでした。いいなと思った相手と全然マッチングしない、せっかく向こうは気に入ってくれたのに自分は相手を気に入らない、そもそも参加メンバー全員にピンとこない……という状態。婚活している人なら、多かれ少なかれうまくいかなかった経験もあるはずです。

私が婚活していた時は、空振りしても何とか自分を奮い立たせてメイクやファッションにも気合を入れて、「よし！」と婚活会場へ行くのですが、また思ったような成果が得られずに帰ってくると、下がったテンションを引きずることがよくありました。気合を入れたら入れたぶんだけ、その反動でドッと疲れてしまうのです。

そんな時は、なかなか婚活のモチベーションを保つのが難しいもの。無理に婚活の予定を入れても、乗り気じゃない様子は相手に伝わってしまいます。心身の疲れはメイクのノリの悪さや、ふとした仕草に自然と表れてしまうんです。何より、婚活疲れを引きずったままでは、次に行く意欲が湧きづらいもの。

ですから、疲れた時に、私は2つのパターンを意識して行っていました。

1つ目は、「とにかく休む」。これは文字通り、家でゆっくりしたり、寝たり、体を休めたり。また立ち上がるために、心身ともに英気を養うのです。

私の場合はまず、ひたすら寝る。とにかく夢の世界へと目を閉じて、日頃のモヤモヤをデトックス。忙しくてシャワーだけで済ませていたところを、アロマの香りが心地よい入浴剤を入れた湯船で、じっくりとお湯に浸かってリラックスします。さらにはバラエティー番組やドラマ、映画など好きなお笑い芸人さんや俳優さんの出ている番組を観て、頭を空っぽにして、その世界に没頭。楽しい時間はあっという間に過ぎるものの、気分をちょっと持ち直し、心に余裕が生まれます。

マイペースに家で過ごした後は、ちょっと外出する元気も生まれて、以前から気になっていたホテルのアフタヌーンティーへ足を運んでみたこともあります。いつもはそこまで贅沢はできないものの、たまには優雅な気分を味わってみたくて、ホテルの高層階にあるラウンジへ行ったことも。そこは大きな窓からの見晴らしも良く、東京を一望できました。アフタヌーンティー用の3段になったスタンドには、フルーツやケーキ、サンドウィッチなどが並んでいて配置も完璧。色とりどりのスイーツや飲み物はおかわりもできて、とても癒やされました。

人によっては、思い切りスポーツで体を動かしたり、読書に集中したり、旅行へ行ったり、婚活話や苦労話を友人に聞いてもらったり。いろいろな気分転換のやり方があると思います。もしくは、大人の女性は仕事も忙しいことが多いので、仕事と離れて自分の時間を過ごすよりも、仕事に専念する方が邪念も入らず成果が出るという場合もあるでしょう。

そうして自分に合った方法で婚活疲れを癒やしたら、また婚活アプリか婚活サイト、お見合いやパーティーなどにトライ。疲れを引きずって浮かない顔で婚活するよりも、休んでリフレッシュしてからの婚活の方が、ずっといいものです。

2つ目の婚活疲れの解消法は、「婚活自体をいったんやめる」ということ。

短期間でも長期間でも、疲れている時は無理をしません。1つ目でお話ししたように休養した後、また「出会いを探そう」という気力が湧いてくるならいいのですが、それさえも湧かないようなら、潔く婚活をしばらくやめてみます。

出会いを探している女性は、職場や周りの友人関係に好きになれそうな男性がいない場合や、男性と出会うことがあっても既婚者や恋人がいるなどで対象になる相手がおらず、新しい出会いを求めて、自分の手で未来を切り拓こうと頑張る女性が多いと思うのです。「本当に好きな人と一緒になりたい」「心から愛せるパートナーと結婚する」と思うタイプの方は、そのぶん気合も入り、疲れやすいこともあるはずです。

ただ、疲れてしまうからと、何となく気に入った程度の相手と付き合った場合、うまくいっているように見せかけることはできても、自分の心にまで嘘はつけません。大して好きでもない相手と妥協して付き合って結婚の話でもしようものなら、心が赤信号を出します。

真剣な女性ほど、疲れたらダメージも大きいのです。そうなったら、ひとまずバッサリと婚活をやめてみるのもいいでしょう。出会いを探すというミッションを手放し、それ以前の日常生活に戻ります。寝て、起きて、仕事へ行って、帰ってきて……ルーティンに戻って、「普通」を存分に味わってください。

そうしているうちに、ちょっと元気になっている自分に気づくはず。あえて遠ざけていた恋愛や結婚についても、少しは考えられるようになってきて、ある日ふと「そろそろ動いてみようかな」と前向きになれるタイミングがやってきます。

そこまできたら、行動する時。もう一度、婚活のスケジュールを考えてみましょう。前はこういうタイプのパーティーばかりだったから今度はここへ、など以前とは行動パターンや選択肢を変えてみても、新しい発見があるはずです。

婚活をしてすぐに成果が出ない時は、焦りや疲れが出て、なかなかモチベーションがキープできないこともありますが、そんな時は自分なりのやり方で、自分自身を癒やしてみてくださいね。

年齢と参加する婚活パーティーとの兼ね合い

昔から男性は、若い女性につい目が向きがちだといわれています。その理由として、年齢が若い方が出産しやすいからと、本能的に子孫繁栄のため気に入るということ。さらに、年下の女性の方が社会経験が少なく、常に自分の立場を優位に持っていけそうだったり、リードしたかったり。男性ならではの視点ともいえるでしょう。

とはいえ、令和の今、さまざまな考えを持つ男女が増えています。相手が年下の女性だからといって必ずしも年上の男性が守るというスタイルにならないパターンや、私の場合もそうですが、いつ頃からか年上の女性と年下の男性という組み合わせが多くなっていますし、年齢という条件を高らかに掲げるような人は少なくなっている印象があります。

実際のところ、出産という意味では年齢が若い方が高齢に伴う出産リスクは減るものの、若いからといって出産しやすいかといえば必ずしもそうではない場合も。価値観は確実に変わりつつあるように感じます。20代から婚活パーティーに参加している女性も増えていますし、多様な参加者がいるからこそ、「誰をどのように選ぶか」が問われます。

私が婚活を始めたのは、35歳の時。ちょっとうまくいくかなと思うとダメになって、また出会いの場へ顔を出して、失敗して……。気づくと30代の最後の年齢である、39歳になっていました。その時思ったのは、「30代を最大限に生かす」ということ。38歳、39歳と年齢を重ねていくにつれて、「あぁ……もうすぐ30代が終わってしまう」と焦りが強くなっていました。結婚相談所や婚活サイトなどで「条件検索」する際には、年齢の幅が「〜39歳」という括りになっていることもしばしば。婚活パーティーなどで、男女の年齢の枠が決められているものに参加する際、「女性〜39歳まで」「30代限定」といったものも一般的です。

自分の年齢を意識しすぎて39歳で崖っぷちに立たされた気持ちになったこともありましたが、むしろ「ギリギリ30代という枠に入っているのだから、行けるうちに〝30代まで〟と名のつく婚活には行っておこう」と思い直し、どんどん参加するようにしていました。

婚活パーティーの会場には、30代といっても、30代前半の女性もいます。30歳の〝つい最近まで20代だった若さのある女性〟に、39歳の〝もうすぐ40代という大人女性〟が勝てるのかどうかといったら、正直、わかりません。ですが、年齢に縛られて気が引けていては出会いを掴めないことだけはわかっているからこそ、気合を入れて挑むしかないのです。それに、20代には20代なりの悩みもあるでしょうし、30代でも40代でもそれ以上でも、年代がいくつであろうが、真剣に結婚相手を探しているのはみんな同じです。今はどの年代でも参加できる婚活パーティーがあるので、思い切って飛び込んでみるのも手。自分に合った方法を探ってみるのもいいでしょう。

私の場合は、年齢にとらわれない出会いを掴みたかったので、行けるところにはたくさん足を運んでみた結果、夫に出会うことができました。やはり何でも行動することが大事だと実感しています。

みなさんがもし年齢で迷っている場合は、その考えを捨てて、まずは行動してみることをお勧めします。

ルーティンから外れた時の出会い

人それぞれ、ライフスタイルのパターンが出来上がっていることがあります。

毎日同じ時間に起きて、同じ時間の電車に乗り、出社する。帰宅後は夕食、バスタイム、明日の用意……など。毎日仕事が変わるような特殊な場合は別として、ほとんどの人は同じ会社に勤めて、同じ時間に仕事を終え、アフターファイブは好きなことをします。

ただ、アフターファイブに好きなことをするといっても、大体は趣味嗜好に沿った場所に行ったり、一緒に集まるのは同じ顔ぶれだったり。私の場合は、気になっているアートの展覧会に行ったり、友達とご飯を食べたり、好きなアーティストのライブへ足を運んでみたり。そういった〝いつも同じ〟というスタイルも、心の安定を保つためには大事なこと。くつろいで過ごせる時間は、心のビタミンになるからです。

ですが、たまにはそんなルーティンからあえて外れてみると、思いがけない出会いが待っていることがあります。私がアラフォーになって婚活に勤しんでいた時、婚活で知り合った男性ではなく、同じように参加していた女性の方と仲良くなることも多かったのです。そういった新しい女友達に、「今度ここに一緒に行ってみない？」と、普段自分の生活圏内では行かないお店に誘われたことがありました。

いざそのお店に行ってみると、外国人の方も多い国際色豊かな雰囲気。普段、自分では選ばないであろう場所とお店だったので、誘われなければ行くことはなかったでしょう。1人だとお店に入りづらいものの、2人だったことと、そのお店によく行く友達がいて心強かったため、ドキドキしながらも店内へ。薄暗い灯りに照らされた店内は異国感があり、たくさんのお酒のビンがズラリと並ぶバーカウンターがあり、お客さん用の小さな丸テーブルが点在していました。それぞれの席では話が盛り上がっている様子が見て取れ、6割ぐらいは外国人の男性といった客層。そして特徴的だと感じたのは、お客さんがみんなフレンドリーで、隣の席同士でも気軽にコミュニケーションを取って仲良くなっていたことです。

もしかするとナンパ目的にそのお店に通う人もいそうな感じで、外国人の男性と知り合いたくて来ているような日本人の女性もちらほら。あとはただ純粋に飲むのが好き、飲み会が好き、人が好きといった人たちも多そうな印象。やはり、人見知りする私が来るようなところではありません。場違いかな……と思っていたその時、私と彼女が食事をしていると、隣の席で食事をしていた男性2人組から「良かったら一緒にどうですか？」と、突然声をかけられて、ビックリしました。

明らかにその男性2人組は、アラフォーの私たちよりぐんと年下に見えます。それに、他にも女性客はたくさんいるのに、私たちに声をかけました。特別私たちが美女だったわけではなく、いたってフツーの年齢相応の2人です。他のお客さんと同じく、近い席同士で仲良くなるような雰囲気だからかなと思いつつも、「結構イケメンの若い男性から誘われる」という思いがけない事態に、ドキドキハラハラしながら、顔を見合わせる私たち。

戸惑いつつも、「せっかくだから」ということで一緒に食事をすることになりました。話してみると、彼らは職場が近くて夕食を兼ねてこのお店に飲みに来ていたこと、仕事のこと、趣味のことなど、初対面ながらいろいろな話をして楽しい時間を共有。これがもし私1人だったら、おそらく「ひやかしかな?」という気持ちが先に出て、とても一緒に食事をするような気持ちにならなかったと思うのです。

その後、その時の年下男性のうちの1人と仲良くなり、彼氏になりました。後で年齢を聞くと、彼は一回り以上も年が離れていて、まさかそんなに年の離れた男性と付き合うことになるとは、どこで何があるかわかりません。いつものルーティンからあえて外れてみて、普段行かない場所に身を置いたことで起こった出来事です。それを〝セレンディピティ(意図して行動しない時に起こる幸運な出来事)〟と呼ぶこともできますし、心の奥にあった「出会いたい」という〝願いを引き寄せた〟ということもできます。

そもそもいい出会いを求めて婚活パーティーへ行って不発だったため、同じ参加者の女性と仲良くなり、女友達との食事会のつもりで誘われた店に行っただけなのに、そんな場所で年下彼氏ができました。

ただ受け身なだけでは何も変わりませんし、どんな行動が実を結ぶかもわかりません。表面上は何も関係がないように思える出来事でも、ご縁に繋がることがあります。ですから、ルーティンからあえて外れてみること、その小さな一歩を猛烈にお勧めしたいのです。

選んでいい年下と選んではいけない年下

ひと昔前は、年上の男性×年下の女性という組み合わせが多かったですが、最近は年上の女性×年下の男性というカップルや夫婦も珍しくなくなりました。自分にとってたった一人の運命の人と出会うことに、年齢は関係ないことの表れの1つでもあると感じます。

私はドラマウォッチャーとしても日本や韓国の作品などをたくさん鑑賞しているのですが、カッコいい男性の先輩に憧れる年下女性や、経済力のあるオレ様気質の年上男性に守られる年下女性といったストーリーが王道だとすると、近年ではその逆の展開も少なくありません。つまりは、ドラマや映画の世界においても、年上女性が年下男性と恋に落ちるラブストーリーが定着してきています。

私の場合、父は亭主関白で母は家事から育児までを1人で担っていた環境に育ったため、女性が家庭を守り、男性がバリバリ働いて家族を養うという、いわゆる昭和的な考え方がもともとありました。学生時代から事業を起こしているような一部の人を除いて、一般的には年齢が低ければ低いほど経済力はまだそれほどでもないことが多いため、最初は結婚という生活を共にしていくパートナーに、年下男性を選ぶというイメージがなかったんです。

とはいえ、ひょんなことから年下彼氏ができたこともあり、年齢はとりあえず横に置いておくようになりました。婚活市場に出てくる男性は、そもそも恋愛には奥手だったり、忙しくて仕事一筋になってしまったりするタイプが多い印象。そして恋人や妻にしたい女性は自分より年下を望む男性は多く、稀に「年上の女性でもよい」というタイプもいるといった状況のように思いました。

ある時行った婚活飲み会では、1歳しか違わないというのに、同席した男性から「一歳でも年上だから、ねえさんだな」と一方的に宣言されて、終始「ねえさん」呼ばわりされたこともありました。男性にとっては1歳差であれ、大問題なのでしょうか……。そんなこともある中で〝年下の男性〟の魅力とは何だろう？　と考えました。人によるとはいえ、年下ならではのパワフルさや純粋さが垣間見えるタイプの男性だと、惹かれる年上女性もいそうです。

ただし、結婚を望む女性が選んでもいい年下男性と、選んではいけない年下男性がいます。同年代でもさまざまなキャラクターの男性がいるのと同じように、自分より年上でもしっかりしていない人はいますし、年下でも頼り甲斐のある人もいます。さらには結婚を前提としなければ、付き合ったら楽しい年下男性もいるでしょう。ですが、すぐにでも結婚して家庭を築きたいと望む年上女性ならば、時間は有限ですから、「まだ若いから」「もっと遊びたいから」と結婚を先延ばしにする年下男性や、いつ訪れるかわからない相手の気が変わるのを待つという時間の消費は避けたいものです。

また、なかなか彼氏ができない時、自分ではさほど意識していなくても、知らない間に相手に求めるハードルが高くなってしまっている場合もあります。わかりやすく年収が高い方がいいという条件ならもう少し下げてみてもとなりますが、難しいのは自分のタイプの男性がいないといった、好みによる場合。ただ、もしも好みに完璧に合う男性が現れたとしても、果たして女性側のあなたはその男性に選んでもらえる人になっているかどうかも確認したいところ。相手に求めるなら、相手からも求められます。

出会った当初の夫は、経済力もなく、頼りない感じの26歳で、さほど魅力を感じませんでした。しかし、他の男性と圧倒的に違ったのは、ニコニコと常に笑顔でいる和やかな雰囲気と、2人の未来が映像で突然視えたことです。当時の夫にちょっと足りない部分を見つけて嘆くわけでもなく、「ああ、すべてが完璧な人よりも、ちょっと欠点もあるくらいの方が魅力的だな」「全部が全部、自分を上回っているすごい相手だと私は疲れてしまうな」と思いました。結果、ぐんぐん頼り甲斐のある夫に成長し、いつも助けられています。

もしも年下のパートナーをお探しの女性ならば、〝ちょっと物足りないくらいがちょうどいい〟という気持ちで相手を見つめてみると、今は希望の条件から外れていたとしても、実は相性抜群の男性と惹かれ合うようになることもあるはず。自分で自分を縛っているものはできる限りなくした方が、運命の相手と出会える可能性は高くなります。

後ろ向きになったら前向きな言動をプラスする

生きていると、いいことばかりとは限りません。婚活や恋活に限らず、友人同士や職場の人間関係、家族の問題、さまざまな場のコミュニケーション疲れや、ストレスが溜まることも。ちょっと面倒に感じることや、つらいことも起こることがあります。

私も自分では思うようにいかないことが続いていた時期がありました。恋も仕事も、人間関係にも疲弊していた頃に、友人の結婚が決まったという話が耳に入ってきた時でした。彼女は婚活に精を出していましたし、やっと将来を誓い合うパートナーに巡り合えたのですから、とても喜ばしいことです。そんな時に、「おめでとう、良かったね」という感情と同時に、「あぁ、これでまた独りぼっちになってしまう」といった焦燥感や孤独感も出てきました。

すごくおめでたいことなのに、すごく寂しい。まだ結婚していない自分が置いていかれるような気がして、言いようのない不安が自分自身を包んでいったのです。そして素直にお祝いしたい気持ちと裏腹に、孤独感や悲しさから、友人に「待ってよ……」といった自分勝手な思いがあることに気づき、「私は何て器の小さい人間なんだろう」とさらに落ち込みました。

昨日や今日知り合った浅い関係の婚活友達であれば「結婚が早いね」程度の感想ですが、長い付き合いの友人の結婚報告だった場合、お祝いの気持ちが強くなるのが当然なのに羨ましくて、100%の気持ちで祝福できないのは、かなり残念なこと。ですが、人間なので、ニコニコと笑顔で過ごせない時もあります。そんなどうしようもない時は、愚痴や悪口を言ってしまうことや、信頼できる人の前で弱音を吐いてしまうことだって、時にはあってもいいと思うんです。

ただ、そんな気持ちをいつまでも引きずっていても、ネガティブスパイラルに陥るだけ。とことん落ち込んだ後は、無理矢理にでもどこかで気持ちを切り替えて、イヤな思いや心のモヤモヤを手放します。そして愚痴などを言った後は、必ず「プラスの言葉」を付け加えて、良い言葉を言うようにすると、陰の空気が少しずつ陽の面持ちに変わってくるように感じます。たとえば、このようにです。

「周りはどんどん結婚していって、私だけまだ相手が見つからないなんて、なぜ……。だけど、自分の近くに結婚する人が出てきたということは、幸運な出来事がそろそろ私にも近づいているというサインかもしれない」

「今の仕事には向いていない気がするし、本当に疲れた……。でも、もしかして違う視点から見ると、何か解決方法があるはず。ちょうど転職活動を始める良いきっかけになったと思おう」

「誰も私のことを理解しようとしてくれない。所詮は他人同士だから、わかり合うなんて無理なことかも……。嘆くよりも思い切って、今のグループから少し離れてみよう。この機会にやりたかった趣味を充実させて、自分の時間に使おう」

一見、悩みがなさそうな人でも、実は1人で悪戦苦闘していることもありますし、輝いて見える人にも苦悩があることもあります。しかも、誰よりも抜きん出て見える人は、その人なりの努力を惜しんでいないはずですから、目に見えない苦労を重ねていることもあり、目に見えることだけが真実とは限らないものです。

誰もがいつも好きな人とすんなりうまくいくわけでもなく、誰もが望むお金を手に入れるわけでもないのが世の中。そういう意味においては、努力したことが必ず報われるかはわかりませんが、「努力した」という自分自身の揺るぎなさ、強さ、決意がその後の未来を変えてくれることはあります。

だからこそ、いざチャンスが来た時に、いつでも掴んで生かせる自分でいるためには、うまくいくかどうかを先に気にするよりも、まずはコツコツと努力することは悪いことではありません。

目の前のことに一喜一憂するよりも、ある程度長い目で見る。自身の幸せを掴むために、前向きな気持ちで過ごすようにしていれば、きっと次の幸運はあなたのもとに訪れます。

出会った相手を見極める必要性

私がよく利用していた婚活といえば、婚活パーティーです。その頃は「自己紹介カード」に自分で情報を記入して男女で交換していくので、参加人数が多ければ多いほど、1人ずつ「はじめまして」と会話をしていく時間がほんの数分と、とても短くなります。じっくりと自己紹介カードを読み解くような時間がないため、まず相手が自己紹介カードに書いたことが本当なのか、ウソなのか？　なんて、疑うようなヒマさえありません。ちょっと話しただけでは相手が本当のことを言っているのか、ウソを言っているのか、わからないということです。

それでも「あれ？」と相手に違和感を覚えたことがありました。お見合い形式の少人数の婚活パーティーへ参加した時のことです。大勢のパーティーよりも1人ずつとじっくりと会話できる時間があったので、最初は仕事の話からあたりさわりなく話そうと思っていたら、自己紹介カードに書かれていた仕事内容と違う説明をされて、本当は何の仕事をしているのだろう？　と思ったことがありました。異業種だからバレないと思っていても、相手の言動からやちょっとその職種に知識があれば、真実ではないことが伝わることもありますので、注意深くなることも必要です。

中には、きちんと「婚活（結婚相手を見つけるための活動！）パーティー」だと銘打たれている場に、ごく稀に既婚者が紛れ込んでいることもありました。年齢や職業などもどこまで本当のことを書いているのか、疑い出したらキリがないともいえます。

ごく一部の男性とはいえ、不思議なもので、こうした場で身分を偽って紛れ込んでくるのは、女性ではなかなか聞かない話。本当に結婚したいと願う真面目な独身男性からの評判を落としているようです。

そういった男性が許せないのは、真剣に結婚を望む女性の「パートナーが欲しい」という心情を利用して、うまく言い寄ろうとしている点だといえるでしょう。婚活サイトやアプリでも、プロフィールの写真欄に、イラストや動物の画像ならともかく、明らかに本人ではないまったくの他人の写真を載せるようなタイプや、顔が見えない相手だからといってウソだらけの情報を出している場合もあるようです。

実際に「怖いな」と思ったのは、ある仕事で会った男性が、婚活サイトに登録しているのを見つけた時です。その男性の顔写真が表示されているのに、プロフィールでは違う名前と内容になっていたので、混乱しました。または、勝手にその人の写真を誰かが使った可能性もあるかもしれませんが、いずれにしても、なりすましのようなものが安易に登録されることがあると知りました。今は誰もが使うＳＮＳですが、ネットリテラシーが高くないタイプも中にはいるので、気をつけたいところです。

他に、合コンや飲み会といった場所は、異業種の人たちと一気に知り合えるという点においては便利。私もカジュアルな飲み会から婚活飲み会まで、何度か足を運んだことがありますが、気をつけたいという意味においては、これも身分を偽りやすい場所でもあるかもしれないからです。

結婚相談所やきちんとした婚活の会社が開催している飲み会なら、事前にある程度は個人情報が必要になるため、そこまで虚偽情報は通用しません。ですが、いわゆる「誰々の知り合いで呼ばれた」というような飲みの場だと、それこそ独身証明書を確認したり、社員証を見せたりすることもなく、本人が語る情報が真実として通ってしまいます。軽い出会いを探しているならば、同じように軽い感覚で遊びたい男女が出会う場に行けば釣り合うこともあるでしょうが、真剣に結婚相手を探す女性は、うまいことを言って近寄ってくる男性には注意しておきたいところです。

こういったこともありました。婚活友達とお茶をしていた時、よくお互いの近況を話していて、ある女性は婚活パーティーで出会ったパイロットの男性と付き合うことになり、デートの約束をしていたのに、急なフライトでドタキャンするなど忙しくてあまり会えないと言うのです。よく話を聞いていると、本当にその人はパイロットなのだろうか、と妙な感じがしたのですが、本人はまったく疑っていませんでした。

彼女は彼から航空会社の社員証を見せてもらったわけでも、実際に彼の操縦する飛行機に乗ってどこかへ行ったわけでもありません。彼女は、彼が言う話をそのまま信じただけです。私が勝手に彼の言動に違和感を感じただけですから、彼の言動や職業は本当なのかもしれませんが……。しばらくして、忙しすぎるその男性よりもっといい人ができた、ということで２人が別れたことがわかりホッとしました。今はもう元カレの素性は不明ですが、一般的に憧れられやすいとされる職業を持ち、優しい人柄で接してくる男性を、つい信用してしまう気持ちはわかります。

ただ、もしも条件が良いとされる相手から甘い言葉をかけられても、相手のバックボーンが信頼できるものだと確信できないうちは、用心するに越したことはありません。

子どもが好きなら少し急ぎ足にする

世の中には、結婚願望のある人もいれば、結婚しなくてもいいという人もいます。結婚を望まないならば、マイライフをどのように過ごしていくのか、自分なりの計画をコツコツと実行していきたいところ。ですが、結婚を望む女性であれば、先にもう1つ、考えておきたいことがあります。

それは、子どもを持つかどうか、ということです。

結婚したい人の中には、生涯を共にするパートナーは欲しいけれど子どもは好きではない場合や、子どもはいてもいなくてもどちらでもよいという場合、同性同士の結婚のため子どもを持つことは難しいという場合など、さまざまな場合があるかと思います。

医療が発達していなかった昔は「出産は命がけ」だとよく言われていたものですが、それは何も昔話ではなく、現代も同じ。スムーズにどんどん出産するお母さんもいれば、生きるか死ぬかの思いで出産するお母さんもいます。

そして女性が年齢を重ねていくにつれて、卵子も一緒に老化していくので、妊娠力が下がっていくのは事実です。２０２２年、社会保障の分野では、自然に子どもを授かることが難しい夫婦が行う不妊治療の保険適用が拡大したことが話題となりました。20代の女性でもすぐに妊娠できるとは限らないことが知られるようになり、それが30代、40代と年齢を重ねていくと、さらに妊娠率は下がっていきます。

だからこそ、子どもが好きな人は、特に結婚を急ぎ足で叶えてほしいと思うのです。とはいっても、独身でいる今の自分の生活が充実していたら、たとえ周りが結婚していっても、結婚適齢期だったとしても、適齢期を過ぎていても願望がないのに無理に結婚を焦ることはない。そう思うでしょう。

「いつかは結婚するだろうから急がなくてもいい」「恋愛や結婚よりも自分のやりたいことを優先したい」「結婚にはまったく興味がない」など、いろいろな考えの時期があるとして、独身時代が長ければ長いほど、1人の楽しみの見つけ方にも長けてくるものです。そうなるとまた「独身の方が気楽でいいや」となって、恋愛や結婚からは遠ざかっていく場合もあるでしょう。

恋人がいなくても、結婚の気配がなくても、「それでいいんだ」と自分自身が納得していれば、その人の人生なのでそれで良いと思うのです。ただ、後になってほんの少しでも「あの時頑張って婚活しておけば良かった」「本当は結婚したかった」などと思う可能性があるのならば、それに気づいた時点で、すぐ行動してみてください。

いつだって〝今日が一番若い〟のです。思い立った時に、すぐに形にならなくても、一歩、踏み出してみるのもたまにはいいはず。

それでも結婚のことを考えるのがわずらわしかったり、後回しになったりするのであれば、それもまた、その人の人生。すべては自己責任です。将来のことにも想像を膨らませて、今の自分にとって一番、後悔しない生き方を選択できると、気持ちの良いマイライフが送れるはずです。

第四章

大いなる存在からエネルギーチャージ

ご先祖さまに感謝をする

仲良く一緒に過ごせる恋人や、将来を共にする結婚相手に巡り合いたいという願いも、自分のことを理解してくれる親友や職場の人たちに出会いたいという気持ちも、人とのご縁がもたらす恵みを望んでいる状態です。

パートナーを探すなら恋活や婚活をすることや、交友関係を広げたいなら周りの人たちへの気配りやコミュニケーションをおろそかにしないことなど、具体的に目に見える形で行動することは必要不可欠ではありますが、目に見えない存在に感謝する気持ちも忘れないことが大事ではないかと思っています。

そんな見えない存在の中でも、まず、自分自身のルーツとなるご先祖さまの存在は大切。特に結婚を考えるようになると、家族との関係についても振り返ることになりますし、結婚して子どもが産まれるとなおさらのこと、親の有り難さや偉大さをしみじみと感じる機会があります。今こうして自分が生きていられるのは、親がいるからであり、その親もまた同じように産まれてきたのはその親がいるからであって、ご先祖さまのおかげで今があります。

ですのでここで少し原点に立ち返って、お盆や帰省する時期、またはみなさんそれぞれにとってのちょうど良いタイミングで、お墓参りをするのも良いのではないでしょうか。各家庭によっていろいろな宗派もあると思いますので、ご家庭ごとのご意向に沿った形でお墓参りをして、日頃の感謝の気持ちをご先祖さまに伝え、さらに子孫となる自分自身は「こうして元気に過ごしていますよ」という挨拶をする気持ちでお墓参りをしてみましょう。

ご先祖さまといっても、代々のお墓を探しておまいりしていくのは大変なことなので、そこは祖父母や曾祖父母など、いわゆる「おじいちゃん」「おばあちゃん」と呼んでいたぐらいの身近な間柄の人たちのお墓参りをするほうが、より気持ちが伝わりやすい気がしています。

できれば、両親と一緒にお墓参りをすると、「昔おばあちゃんはこんなことをよく言っていてね」とか、「おじいちゃんはこんな人だったんだよ」といった懐かしい話を聞かせてもらえることもあるでしょう。そういった話を聞いていると、普段は自分のことだけで精一杯になっているとしても、今の自分がいるのは脈々と受け継がれてきたご縁があって、この時代を生きているんだな、ということを何となくでも実感できるはずです。

私もしょっちゅうお墓参りに行ける環境ではないのですが、結婚した時は、私と夫の祖父母をはじめご先祖さまのお墓に結婚の挨拶に行きました。少々気軽には行けない遠い場所にあるのですが、ご縁を紡いでいくことを伝えなくてはと思い、家族でおまいりできて、本当に良かったです。

とはいえ、仕事で精一杯になっている時期には、なかなかお墓参りに行くような時間が取れなかったり、既に実家から離れていてお墓が遠くて物理的に距離があって行けないということもあったりするでしょう。そんな時は、心の中で、「いつもありがとうございます」と感謝する気持ちを伝えます。それはきっと、天国に届いているはず。人によって体調などの理由でお墓参りするほど動けない時は、心の中で感謝を伝えるだけでも、真剣な思いは伝わると思うのです。

ご先祖さまに感謝をすることは、ひいては自分の生き方を見つめ直すことでもあります。手を合わせることによって、守ってくれている人たちや守るべき人たちを再確認できて、温かい気持ちが湧いてくるでしょう。

産土神さま・氏神さまに感謝をする

時には、神社仏閣巡りをして、心と体をリフレッシュ＆デトックスして、パワーチャージするのもお勧めです。良い出会いを探している時は、恋愛成就を叶える神社はどこかなとあちこち探してしまうこともあると思いますが、遠くの神社に出向く前に、まずは自分の産土神さま・氏神さまに感謝することを忘れないようにしたいものです。

中には、産土神さまや氏神さまのことを知らないという人もいるかもしれません。神社本庁（※）の説明がわかりやすいのでまず「氏神さま」からご紹介すると、「氏神さまとは、ご自身がお住いの地域の神社（氏神神社）のことで、この神社の鎮座する周辺の一定地域に居住する方を氏子《うじこ》と呼びます」「氏神さまは、ご自身がお住いの地域の神社のことですので、いま暮らしている土地の神さまが氏神さまといえます」

とあります。

続いて「産土神さま」は、時代の変遷とともに明確に氏神さまと言葉を分けて考えないようになってきたところもあるようですが、基本的に「産土神は人々が生まれ育った土地の守護神」とありますので、故郷の場所にある神社ということですね。

産まれてからずっと同じ場所で生活している方なら、幼い頃からよく行くご近所の神社が産土神さまでもあり、氏神さまでもあることも。産まれた土地を離れて進学したり、就職したりすると、現在住んでいる地域を守る神社が氏神さまとなります。

私自身、以前は産土神さまと氏神さまの違いなどもよくわかっていなかった時期があったのですが、神社庁に問い合わせると、住いの地域の氏神さまがどの神社になりますと教えてくださいました。まずはお墓参りをする、というお話とも地続きだと考えているのですが、最初に自分自身のルーツやベースとなる場所でお世話になっている神さまに挨拶するのが先だと考えています。

たとえば、この状況を職場に置き換えてみると、実は今いる部署の仕事が向いていないように感じているとして、やりたいことや希望する部署が他にあるとします。今の部署の人に一切相談せず、自分が行きたい部署の人にだけいい顔をして異動願いをぶつけても、その部署の人も今の部署の人もあまりいい印象を持たない場合があるのではないでしょうか。神社も同じで、ご利益ばかり求めてまったく知らない場所の神社に行く前に、普段自分のいる場所、産まれた場所の神さまへの挨拶を忘れないでいたいものです。

そういう意味において、まずは産土神さまや氏神さまにおまいりする。それから、恋愛がうまくいっていないなら縁結びの神社に行こう、仕事運を上げたいからあの神社に行こうなど、計画するのはいいですよね。神社のある場所は聖域でもありますし、それがまた少し遠い場所であれば、旅行も兼ねてゆったりと自然を満喫しながらリフレッシュすることもできて魅力的。

そうやってさまざまな場所へ行ったとしても、帰ってきたら、自分の産土神さまや氏神さまにおまいりすると、ちょっと実家に戻ったような感覚になることも。ホッとする、落ち着く場所というのでしょうか。それもまた産土神さまや氏神さまの癒やしの力ともいえます。そんな和やかな気持ちにさせてくれる場所が、産土神さま、氏神さまなのです。

※　神社本庁
https://www.jinjahoncho.or.jp/shinto/faq

神社仏閣巡り：東京大神宮、明治神宮、川越氷川神社、賀茂御祖神社、出雲大社、八重垣神社

パワースポットとも呼ばれる聖域に行くと、心身ともに強い力で浄化されることがあります。神さまへのお願いは、どんなことをメインとするのか。おまいりすることで、心の声に耳を澄ませることになり、自分自身の願望をしっかりと把握することにも繋がります。

婚活を頑張っていると、煮詰まってしまう時もあれば、婚活疲れをしてしまう時もあるはず。それでも、どうにか踏ん張って婚活を続けている女性には、息抜きも兼ねて、たまには他力本願をお勧めしたいです。ここでポイントは、最初から他力本願だけで楽チンに恋や結婚を叶えるのは結構厳しいですが、自分でも行動してからのプラスアルファの後押しが欲しい時は、他力でもいいということ。

めいっぱい自力で恋や結婚について考えて行動したなら、その合間にちょっとだけ、他力本願を。例えば、シングルでいることを心配する親友の嬉しいおせっかいや、結婚相談所のアドバイザーに任せるなど、他人に縁結びを委ねてみるのもいいでしょう。さらには、神社仏閣やパワースポットなどで神頼みをして、大いなる存在に縁結びをお願いしてみるのもいいものです。

私は婚活中、たくさんの神社仏閣におまいりをしました。産土神さまや氏神さまへのおまいりは勿論のこと、「良縁を結んでくれる」という神社を見つけてはいそいそと出かけて、「良い人と出会えますように」と願いました。お休みの日が来ると、〝神頼み〟と〝リフレッシュ旅行〟を兼ねて、近場から遠い土地の神社仏閣まで、足を運んで楽しい時間を満喫。

どのようなところへ参拝したかというと、現在は東京に住んでいるため、まずは東京都内の縁結び神社へ。伊勢神宮の遥拝殿として、明治13年に創建された「東京大神宮」からご紹介しましょう。

「東京のお伊勢さま」としても親しまれている東京大神宮は、伊勢神宮の内宮の御祭神である天照皇大神《あまてらすすめおおかみ》と、伊勢神宮の外宮の御祭神である豊受大神《とようけのおおかみ》を祀っています。さらには、結びの働きを司る造化の三神があわせて祀られていることから、縁結びに御利益のある神社としても知られていて、よくおまいりに行っていました。

時々、東京大神宮で挙式をしている白無垢姿の花嫁さんを見かけることもあって、それもまた自分の花嫁姿のイメージトレーニングに効果絶大。さらにひと息つきたい時は、境内に併設されている「東京大神宮マツヤサロン」のカフェでお茶をして、優雅なひと時を味わいました。実際に結婚して挙式会場を探す際、夫と一緒にマツヤサロンに相談に行ったこともありました（最終的には別の場所にしましたが）。そんな、ご縁が成就した人たちの良い気にあふれている場所でもあります。

そして「明治神宮」もおまいりしました。境内にある御神木「夫婦楠《めおとぐす》」は、縁結びや夫婦円満にご利益があるといわれています。明治天皇と昭憲皇太后をお祀りする明治神宮は、都会の中心にありながらも、心地よい空気が流れている広大な場所。夫婦楠は2本の楠をしめ縄で1つに結んでいて、その間から本殿を参拝すると、縁結びのご利益があるそう。勿論やってみましたよ。

関東だと、埼玉県の「川越氷川神社」も縁結び神社として有名です。小江戸・川越で1500年の歴史がある川越氷川神社は、素盞嗚尊《すさのおのみこと》を主祭神として、他に脚摩乳命《あしなづちのみこと》、手摩乳命《てなづちのみこと》、奇稲田姫命《くしいなだひめのみこと》、大己貴命《おおなむちのみこと》の五柱の神さまをお祀りしています。

2組の夫婦を含んだ家族である五柱の神さまということで、夫婦円満についても信仰されているんですよね。私は、境内の小石を持ち帰って大切にすると良縁に恵まれるという言い伝えから生まれた「縁結び玉」をいただきたくて、始発で家を出発。身を清めた巫女の方のお手製なうえ、午前8時から1日20体限定の配布とあって、無事にいただいた時は、小躍りしました。

関西だと、世界遺産でもある京都府の「賀茂御祖神社《かもみおやじんじゃ》」は通称・下鴨神社として知られていますが、境内の「相生社《あいおいのやしろ》」は縁結びの霊験あらたかな社として信仰を集めています。御祭神は、縁結びのご利益で知られる、造化三神の一柱の神さまである「産霊神《むすひのかみ》」です。

相生社の左側に祀られた御神木「連理《れんり》の賢木《さかき》」は、ご神徳のあらわれとして、2本の木が1本に結ばれ、その根元には子どもの木が芽ばえているため、縁結び、安産、育児や家庭円満などを祈願する方がたくさんいます。ここでは、縁結び絵馬の特別な奉納の仕方があって、夫がまだ恋人だった時に、一緒に参拝しました。

そして日本一の縁結びの神さまとして全国的に有名な大国主大神《おおくにぬしのおおかみ》が祀られている、島根県の「出雲大社」も行きました。全国では、旧暦10月のことを「神無月《かんなづき》」と呼びますが、それはこの期間に八百万《やおよろず》の神さまたちが出雲の話し合いに集まるから。そのため、神さまが集まる出雲だけは「神在月《かみありづき》」と呼ばれているのも神秘的で、惹かれて東京から出雲大社へ。

出雲大社では、神在月に行われる「縁結大祭」にも参加。大国主大神さまの「むすびの御力」によって、良縁が結ばれるようご祈祷していただきました。さらに出雲大社近くの旅館に宿泊して、このパワー漲《みなぎ》る土地の気をまとう温泉にも入って、すっかり癒やされてデトックス&リラックスでスッキリ。

同じ島根県にある「八重垣神社」にも足を運びました。八岐大蛇《やまたのおろち》を退治した後この地で結ばれたという伝承のある、素盞嗚尊《すさのおのみこと》と稲田姫命《いなたひめのみこと》が主祭神で、夫婦円満や良縁結びにご利益があるといわれています。境内奥地の「佐久佐女《さくさめ》の森」には「夫婦杉」、縁結び占いができる「鏡の池」があり、鏡の池で今後のご縁を占うのも面白かったです。

さらに、八重垣神社近くの宍道湖《しんじこ》で船に乗ったり、島根県立美術館でアートを楽しんだり、美術館にある外の景色が見える湖畔のレストランで雄大な宍道湖や島根の空を見上げてランチを食べながらビールを飲んだり。うさぎのオブジェを見ながら歩いたり。なんとも充実した縁結び祈願と癒やしの一人旅を満喫したのでした。

他にも折々で神社仏閣を参拝しています。住まいから遠く離れた土地だと、何度も訪ねることは難しいですが、基本的には参拝しっぱなしではなく、行ける場合は必ず結果にかかわらず御礼まいりもするようにしています。遠い場合は、氏神さま参拝時に、遠くの神社で参拝したことも伝えて、必ず御礼を報告していました。

現実社会でも、誰かに何かをお願いしたままでは、頼まれた方はその後が気になりますが、それは神さまも同じです。その一方で、神さまはそんなこと気にしない説もありますが、きちんと事後報告しておくのはより丁寧ですし、気持ちが伝わるかなと思います。何より、やみくもに神頼みをするのではなく、まず何を一番叶えたいかと思い返すと、心の声が明確になります。そして結果がどうなったか、御礼まいりをしながら自分でもきちんと理解しておくことは、次へのプロセスを踏むにしても大事なことです。

いずれにしても独りで頑張っていると孤独ですし、恋愛疲れ・婚活疲れしてしまうこともあります。そんな時は、肩の力を抜いて神頼みをしてみると、パワーチャージできますよ。

お伊勢まいり：二見興玉神社、猿田彦神社、伊勢神宮

神社での参拝といえば、江戸時代から「一生に一度はお伊勢まいり」と憧れられる、三重県の「伊勢神宮」は外せません。私も何度も参拝していますが、足を運ぶ度に心が洗われるのは言うまでもなく、旅の道中もすべて思い出深いものとなっています。

伊勢神宮は、全国約8万社の神社の中で最大の聖域といわれ、格別のお宮として崇敬を集めていることは知られていますよね。正式には「神宮」と言います。衣食住をはじめとして、産業の守り神である豊受大御神をお祀りする「外宮（豊受大神宮）」と、天照大御神をお祀りする「内宮（皇大神宮《こうたいじんぐう》）」の2社と、14所の別宮、43所の摂社、24所の末社、42所の所管社をあわせて125の宮社すべてを神宮といいます。

参拝する際は、外宮から内宮の順で行うのがしきたりですが、個人的にいろいろと調べていると、昔は伊勢神宮から車で約20分ほどのところにある「二見興玉神社《ふたみおきたまじんじゃ》」で参拝してから伊勢神宮へ参拝していたということを知って、同じように参拝しています。

二見興玉神社は、猿田彦大神《さるたひこのおおかみ》を御祭神として、相殿に宇迦乃御魂大神《うがのみたまのおおかみ》をお祀りしていて、昔は二見浦の海水で心身を清めるみそぎをする「浜参宮」を行ってから、伊勢神宮へ。二見興玉神社からは、伊勢湾に面した二見浦に浮かぶ「夫婦岩」が見えますし、沖合約700メートル先には猿田彦大神出現の霊跡といわれる霊石「興玉神石」が海中に鎮まることでも知られています。また、夫婦岩は、岩の間から昇る「日の大神」を拝する鳥居の役割もあるのですよね。

私はこの二見興玉神社の場所が大好きで、この場に立つととても清々しい気持ちになります。関西人なら馴染みのある人もいると思いますが、私は小学生の頃、修学旅行で来たことがあり、お土産に夫婦岩のグッズを購入したような気も。林間学校では、和歌山県の高野山の宿坊へ行った記憶もあり、子どもの頃から清らかな場所へ行く機会に恵まれていたんだなあと実感。当時は、神社仏閣の良さにピンときていませんから、子どもの頃はすごいことだとわかっていなかったなあと振り返りました。そんな思い出もありながら、二見興玉神社で参拝すると、二見浦の空気も心地いい。縁結び、夫婦円満などにご利益があるといわれています。

二見興玉神社参拝後、伊勢神宮へのコースも良いと思うのですが、私はいつも、みそぎの二見興玉神社〜みちひらきの猿田彦神社〜伊勢神宮・外宮〜伊勢神宮・内宮と参拝しています。

猿田彦神社は、二見興玉神社と同じく、猿田彦大神が御祭神です。万事最も良い方へとお導きになる大神ということで、こちらも参拝。良い出会いを探している時、恋や結婚についていろいろと考えることがある場合、きっと進むべき方向へと力強く道を示してくれるように思います。境内社《けいだいしゃ》の佐瑠女《さるめ》神社は、芸事や縁結びにご利益があるといわれているため、こちらも参拝。

そしていよいよ伊勢神宮の外宮へ。正宮から別宮の順に参拝。その後は、内宮へ。こちらも正宮から別宮が正しい参拝の順番とされています。伊勢神宮の正宮は、公の祈願をお祭りという形で行う場所であり、世界や国民の平和をお祈りする場であるため、個人的なお願いをするのは相応しくないという説も。個人的なことは別宮の荒《あら》祭宮《まつりのみや》と多賀宮《たかのみや》ですという地元の風習としての信仰もあるようですが、いずれも最初に日頃の感謝の気持ちをしっかりと神さまにお伝えするのが先決であり古くからの風習。その後であれば、個人的なお願いごともお祈りしても良いようです。

まだ行ったことのない方は、日本で最大の聖域とされているこの場所に、一度は足を運んでみてほしいです。古くから大切にされてきた神聖な場所でしか感じられない空気は、実際に行ってみないとわからないところがあります。

とはいえ、そう何度も行けるものではないので、伊勢神宮へ行くという機会に恵まれた際には、私は一般参拝より正殿に近い場所で参拝できる「御垣内参拝《みかきうちさんぱい》」をさせていただいています。御垣内参拝は、特別参拝ともいわれていて、初穂料を納めることによって、本来は入ることのできない御垣内で参拝させていただけます。より神さまに近くなるぶん、服装なども決まりがあるので、きちんとマナーを守って心身ともに凛とした状態で参拝することになります。

伊勢神宮には、おみくじがないことも知られていますが、それは誰もが憧れるお伊勢まいりに行くこと自体が既に「大吉」だから、ということなんですよね。それほどまでの存在が、伊勢神宮なのです。

参拝すると、その神社へ行った証しとなる「御朱印帳」に御朱印をいただくこともあります。神社ごとに、奇麗に縫製された御朱印袋もありますので、あわせてそろえると美麗で見ていて気持ちの良いものです。最近は、縁結びを願うものの、きちんとおまいりをせずに御朱印集めそのものに精を出す方もいるようです。神社仏閣が出している御朱印帳だけではなく、文房具の1つのような扱いで、カジュアルに御朱印帳として打ち出す商品もあるようですが、本来はおまいりすることが先決。さまざまな神社で縁結びを願うのは、その土地ごとの地域貢献や活性化にも繋がりますが、第一に神さまに失礼にならないように心がけることは忘れないようにしたいところです。

お伊勢まいりをした後は、伊勢路の趣を再現した「おかげ横丁」でひと息つきます。志摩地方の郷土料理である、てこね寿しのお店や、有名な「赤福」の本店もありますし、他にも多様な飲食店やお土産物屋さんがずらりと並んでいます。見るだけでも楽しいですし、お店に入って食事をしなくても、食べ歩きをしながら散策するだけでも、「お伊勢まいりに来たんだなあ」と旅の醍醐味を味わえます。

お伊勢まいり、全国各地の神社巡りなど、恋活や婚活の合間に、リフレッシュを兼ねて旅してみるのもお勧めですよ。

生活に風水エッセンスを取り込む

出会いを求めて恋活や婚活をしていると、どんな服装で合コンやパーティーに行けばいいのか、悩んでしまうことがあります。私は婚活でどんなファッションが一番いいのだろうかと、ああでもないこうでもないと試行錯誤していました。

特にファッションに興味のある方や、日頃から洋服のコーディネートについて研究しているようなタイプの方であれば悩むこともないのでしょうが、あまり女性誌やファッション誌などを読まないタイプや、そもそもオシャレにそれほど興味がない方は、いざ出会いの場へ行くとなるとどんな格好がいいかわからなくなるのも不思議ではありません。

私は婚活している時に、相手とは初対面になるのだからと個性的なファッションは避けて、清潔感のある雰囲気や女性らしい格好を意識していました。さらにプラスして、占いやスピリチュアルなことが好きなので、その日のラッキーカラーをワンポイントまたは洋服のカラーとして取り入れてみたり、風水的に恋愛運アップといわれているアイテムを取り入れたりしていたこともありました。

例えば、恋愛運が上がるといわれているのはピンク色やオレンジ色。リボンなどの縁を結ぶモチーフやアイテム、ひらひらするフリルのものなどです。いずれも可愛らしい印象のあるカラーやモチーフですが、どのように取り入れるかによって、印象が変わることもあります。アラフォーになってピンク色のひらひらとしたフリルのワンピースや、リボンのついた乙女系ファッションでいくと、「結構大人の女性なのに服装は相応な感じじゃないな」とか「なんか無理して若作りしてきたのかも」などと、きっと相手の男性からはドン引きされることでしょう。

何歳になっても、好きな服を好きなように着ていいとも思っていますが、それは相手とある程度「この人はこんな人だな」という信頼関係が培われた後でも、遅くないように思います。最初の印象がその後に大きく左右する出会いの場である婚活では、まずは年齢相応と思われる清潔感のある服装がベストです。

中には、顔や体はどんどんふけていっているのにファッションだけが昔の流行のもののままというギャップが見られる場合もありますし、流行に限らずあまりTPOに合わない服装になってしまっている場合もあります。それはそれとして良しとするのであれば、すべて自己責任となってしまいます。

ですので、私は風水や占いのラッキーモチーフは、スカーフやアクセサリーなどでどこかに取り入れるようにしていました。さらに自分の瞳の色や肌の色などに合うカラーを教えてくれる「パーソナルカラーリスト」という方に教えてもらって、少しはいつもよりマシに見えるような色合いの服装選びをしていたこともありました。

自分のパーソナルカラーを知るというのは具体的な行動でできることですが、そこにラッキーモチーフを取り入れるなどのアクションをちょっと加えるだけで、本当に運気がアップしたらいいなと。そうすることによって「私はツイている」とポジティブになれるのであれば、それはラッキーであることに違いありませんよね。

風水の大前提は、生活する場において、まずはきちんとお掃除をして、部屋を奇麗にしておくことですが、それは日常生活においても当たり前の概念です。いつも汚くていつ掃除しているのかわからないような部屋の持ち主は、どこかだらしない印象があるでしょうし、もしも恋がうまくいっても突然部屋に呼ぶようなシチュエーションはまず難しいともいえます。

そんな当たり前のことをごく普通にできるためにも、お掃除された清潔な空間に部屋を整えて、家の中のインテリアなどにも、その時季や恋愛・結婚に良いとされるラッキーカラーを取り入れてみるのもいいでしょう。さらに、ふんわりとお花の香りのするアロマなどで部屋が良い空気で満たされているのもリラックスできますし、運もアップするなら言うことなしです。楽しみながら、できる範囲で風水や占いのエッセンスを取り入れて、こうしたラッキーアクションを起こしてみるのも面白いですよ。

おまじないでモチベーションアップ

小さなお子さんから恋する大人の女性まで、より良い未来を願って行う「おまじない」というものがあります。身近なものを使ってできるやさしいものが多いので、いわゆる白魔術や黒魔術といわれるような大掛かりな魔術道具が必要なわけでもなく、わりとカジュアルに試せるものが多い印象があります。

「ちょっとやってみよう」と気軽にできて、前向きになれる方法の1つとして、おまじないはとっておきのラッキーアクションだと感じるでしょう。いわゆるプラシーボ効果（心理的に有効に働くもの）ともいえますが、それでもおまじないや神社仏閣巡りなどをすることで、安心できて生き生きと過ごせるなら、ソンはありません。

そんなおまじないの中で「これをやったら結婚できる」というものが以前、流行った時期がありました。本気で結婚したかった私は、周りの目を気にせずに、ここで「ちょっとやってみよう」と、おまじないを実行。とはいえ、もちろんおまじないをしただけで家にこもっていては現実は変わりませんから、実際に婚活に励みながらおまじないもして、それで良い出会いがあったり結婚に繋がったりすれば「ラッキー！」という気持ちでいました。

「こんなこともやってみよう」「あんなおまじないもあるなあ」なんて気軽に楽しくできるのが、おまじないの良さ。昔ながらのおまじないもあれば、都市伝説のようなものまで、さまざまなものがあります。

私のしていた結婚にまつわるおまじないの1つに、結婚情報誌の「ゼクシィ」を読む、というものがありました。本来は将来を決めた恋人同士や、入籍したけれどまだ結婚式を挙げていない夫婦などが、自分たちの結婚式を挙げるための情報を集めるための雑誌ですが、おまじないをする時にはそんなポジションは関係ありません。婚約者も恋人もいない未婚者でもいいんです。私も何の予定もないけれど「結婚が決定しているつもり」で「ゼクシィ」を常備していました。

それはつまり、恋人がいる未来の自分、さらに結婚の話まで進んでいる幸せな気分を味わうイメージトレーニングにもなるうえ、幸せな状態を先取りすることでその状況を引き寄せることに繋がるアクションにもなっていました。後日談として、実際に入籍して結婚式を挙げる際に改めて「ゼクシィ」を見たり、ゼクシィカウンター窓口で相談したり。独身時代のイメトレの成果が出て役に立ちました。

他のおまじないとしては、「ウエディングソング」を聴くことが多かったです。ウエディングソングといえば、結婚式の余興で歌うような定番の歌もあれば、その年によって流行りの歌は違ってきますから、最も自分がハッピーな気分でいられる楽曲選びがベスト。私は当時のゼクシィ歴代CMソングを集めたアルバムに収録された楽曲をよく部屋で流していました。これは好みもあると思うので、みなさんそれぞれが普段からよく聴いているアーティストの曲でもいいでしょうし、流行っている曲は時代の運を掴んでいるというパワーも持っているので、ブレイクしている曲でもOK。ハッピーな世界観ならどんな楽曲でも幸せ効果を高めてくれるはずです。

さらには、よくあるおまじないとして、「花嫁のブーケトスをキャッチすると次に結婚できる」というものがありますよね。ジンクスとしても知られていますが、花嫁が後ろ向きになって、背中越しに挙式で使用したブーケを投げる儀式「ブーケトス」をした時、そのブーケを無事にキャッチできた女性は次の花嫁になれる＝結婚できるといわれています。

ですが、ものすごく結婚願望が強い女性だとしても、結婚式という大勢いる場所で偶然自分のところにブーケが飛んでくるならともかく、自らブーケを取りに行くのはみっともなくて恥ずかしいという人も。心の中では、キャッチしたい気持ちでいっぱいなのに、ブーケトスを遠巻きに見て遠慮する場合もあるそうです。

そうした公の場で結婚願望を知られたくない女性は、事前に花嫁にブーケをもらえるよう頼んでおいて、挙式後にそっと渡してもらうなどの作戦も可能です。私の場合はずっと独身でいることを心配していた友人の結婚式で、後からそっとブーケを手渡されたことがありますし、「結婚したい」と思っていることを隠していなかったので、別の友人の挙式ではブーケトスを「取るぞっ！」と意気込んでスタンバイ。投げられたブーケが舞う軌道に集中しながら、「えいやっ！」とブーケを無事キャッチしたこともありました。結婚できたのはそのおかげもあったかもしれません。

結婚式のおまじないだと、花嫁と花婿の間に入って写真を撮ると幸せになれる、ともいわれています。結婚式は新郎新婦の幸せパワーが満タンの状態ですし、さらに参列者からの祝福の気持ちや新郎新婦のご両親などの感動の気持ちが高まっている幸せエネルギーが凝縮された場所。そこで新郎新婦に挟まれて写真に収まることで、最高潮のエネルギーを自分もまとうことができるのです。

幸せな結婚というと、婚約指輪や結婚指輪に憧れる女性も多いですよね。いつかそんな指輪をくれる男性が現れるまでは、自分でお気に入りの指輪をするのもいいですよ。幸せは右手の小指から入ってきて、左手の小指から抜けていくらしいのですが、左手の小指にピンキーリングをすると、入ってきた幸せを逃さないといわれています。ピンキーリングは、ハートやフラワー、リボンなどのモチーフがより恋愛運アップになります。

他にも、ハッピーな恋愛や結婚に近づくというコスメやアクセサリーなどを身につけるなど、楽しみながらおまじないを生活に取り込んで、モチベーションをアップさせるのもいいものです。

エンターテインメントからパワーをもらう

神社仏閣巡りや、風水や占い、おまじないなどを取り入れるのも楽しいものですが、最も身近で自分自身が盛り上がることができるものの1つに、エンターテインメントのパワーがあります。

わかりやすいものでいうと、音楽。テキパキと仕事を片付けていくような時にはメリハリのあるサウンドでスピード感のあるロックを聴くと仕事が捗《はかど》ったり、ゆったりとリラックスしたい休憩タイムには涼やかなボーカルのバラードを聴いたり、考えごとをする時は耳心地の良いクラシックを聴いたり。私は今は専ら聴く方が専門ですが、小学生の時はエレクトーンを習い、学校の歌唱班というグループに入って毎朝歌の練習をしたり、中学校では吹奏楽部でフルートを担当したり、成長してからはバンドで演奏したりと音楽に触れてきました。うまくなくても、自分で楽器を演奏したり、歌う面白さというものもあるのだと実感。さまざまな音楽は、私たちの気持ちを鼓舞してくれることもあれば、落ち着かせてくれることもあります。

他にも、ドラマや映画を観るのもお勧めです。私はドラマウォッチャーとして日本や韓国の作品を中心にしょっちゅう鑑賞していますが、本当に面白いものが多くて見入ってしまうことが多いです。時間を忘れるほどストーリーの世界に惹き込んでくれる作品は、観た後も「ああ、楽しかった」と余韻に浸っていられて心地いいもの。理想の男性像が出てくるストーリーだったり、主人公とヒロインが織り成す恋模様に憧れるようなものだったり、観ているだけでときめきセンサーがバンバン反応するような作品は、より心身にプラスの影響をもたらします。

お笑いも、ポジティブな気持ちを後押ししてくれるものの1つ。大阪出身の私は、幼い頃からお笑い芸人さんの漫才をテレビでよく観てきましたし、学生時代は実際に劇場へ足を運んでお笑いのパワーを肌で感じてきました。東京にいる現在も、お笑いは元気をくれるエンタメの1つですし、実際に笑うことによって、血流も良くなって心身ともに健康効果があるともいわれていますよね。

音楽にしても、ドラマや映画にしても、お笑いにしても、みなさんも好きなアーティストや俳優さん、芸人さんなどに注目するのでも良いでしょうし、その時々の気分によっていろいろなジャンルに着目するのもお勧めです。その人の存在が前向きになれるエネルギーの源となりますし、いわゆる推しといわれる存在がいることで、毎日元気に生き生きと過ごせるのなら、それは自分の恋活や婚活の原動力にもなります。

人によっては、好きな作家の作品を読むことで没入し、日頃の恋活や婚活疲れを忘れることもあるでしょうし、スポーツをしていい汗をかいて心身ともにサッパリできることもあるでしょう。

出会いを探していてうまくいかないことがあると疲れてしまうこともあるかもしれ

ませんが、エンターテインメントなどは心のビタミンになるので、どんどん取り入れてプラスの影響をもらいましょう。そこで英気を養って、新しい出会いへ向けて、また一歩踏み出してみてくださいね。

ありのままの自分でいられる場所の大切さ

エンターテインメントからもエネルギーを補充できますが、ホッとできる自宅や実家もパワーチャージできる場所だといえます。もしも親元を離れて一人暮らしをしている場合は、最も自分が自分らしくいられる場所である自宅が、ホッとくつろげるスペースのはず。

毎朝、眠い目をこすりながら起床して、朝食を食べてメイクして着替えてと身支度を整えて、いざ外へ。職場などでは、多かれ少なかれ気を張っている状態でしょうから、人と接する機会が多ければ多いほど、気疲れしてしまうことも。そういった場所からパーソナルスペースである自宅に戻ってくると、とたんに疲れがどっと出てくることもあります。

そんな時は、無理せずだらしない格好でいてもいいですし、好きな音楽を聴いたり、推しのドラマを観たり、ゲームをしても1人でお酒を飲んでいたっていいですよね。もし親と一緒に暮らしているのならば、自分の部屋が落ち着ける場所といえるでしょう。

そして、実家も、ありのままでいられる場所。もしも両親から結婚について心配されることに嫌気が差していたとしても、落ち込んだ時に思いがけないアドバイスをくれることもあるかもしれません。

自然体でいられる場所や温かい場所にいると、自分の本当の思い、心の声が聞こえやすくなることもあります。もしも恋活や婚活で疲れてしまった時は、こういった自分の居場所で心を休めると、心の奥から「自分はどうしたいのか」という答えが、ふっと出てくることもあります。

日頃はさまざまな情報があふれすぎていて、何をどう選べばいいのか、わからなくなっている人は少なくありません。恋活や婚活でも、ただ出会いの場へ行けば何とかなるとばかりに行きすぎると、よけいに混乱する場合もあるようです。

ですが、自宅や実家などで一度クールダウンしてから、心の声に耳を傾けると「本当は今それほど出会いを求めるエネルギーがなかった」ということや、「やっぱり運命の人と出会うまで頑張ろう」という気持ちが見えてきます。

だからこそ、疲れが溜まっている時は、心身ともにオフにしてみてください。ありのままでいられる自宅や実家がパワースポットといえる側面もあるように思います。1人でゆっくりと、もしくは家族の絆が感じられる実家でまったりと過ごすことで、消耗したエネルギーを充電して、新たな一歩を踏み出しましょう。

第五章

願いは届く

自分の直感力を信じる

運命の人に出会った瞬間、「この人だ！」と、誰もがわかるといいですよね。例えば、芸能人の方で直感を働かせた有名なエピソードとしては、元プロレスラーで仲睦まじい夫婦として知られる佐々木健介・北斗晶夫妻は、現役時代に初めて挨拶をした時、健介さんは北斗さんを見て「俺の嫁さんになる人だ」と瞬時に思ったそうです。また、永遠のアイドル・松田聖子さんは、年下の歯科医の男性に出会って「ビビビッときた」と印象的なコメントをした再婚が当時注目されました。

こういったアスリートや、芸能活動や創作活動をする方などは、日頃の努力は勿論のこと、瞬発力やインスピレーションが必要とされるような〝運〟によって左右される世界にいる方は、特に直感力が鋭い方が多いように感じます。

とはいっても、日頃から直感を働かせるのも難しいように思いますし、直感で決めたことが必ずしもうまくいくかといえば、それもわからないものです。先ほど例にあげた佐々木健介・北斗晶夫妻は、健介さんの野性の勘といえる直感が見事正解だったパターン。一方、松田聖子さんの場合は、ビビビッと来たけれどその後また独身に戻られました。それを直感が外れたと考えるのか、それともまた新たな直感が働いて次のステージへ行くためのお別れだった、つまりは必然だったととらえるのか。

正解は本人にしかわからないですが、直感に従い行動することは、つまりは自分を信じて行動できるということ。その結果も含めて、「誰かに何かを言われたからこうなった」と他人のせいにすることなく、その後さらにより良い人生を歩むために、納得しながら前向きになれるということでもあります。

普段から直感が鋭い方はいいとして、そうではない場合でも、私たちが普通に暮らしている中で、ちょっとした直感が働くことはよくあるものです。例えば、今度の休日に外出しようとスケジュール帳に記していて、いざその当日になってみて「やっぱり今日は家でゆっくり休んだほうがいいかも」と予定を変更すると、行こうと思っていた場所で事故があったなど。または友人から紹介された人が一見優しそうだけれども「なぜかあまり私とは合わない気がする」と距離を置いていたら、後からその人はタチの悪い人物だったと判明するなど、漠然とした感覚だけれども、自分の中の〝何か〟が危険を察知して不運から回避させてくれることがあります。

婚活でいえば、私の場合、夫と出会うことになったのは体験型婚活でもある料理合コン「たこ焼きパーティー」の場。開催場所が普段の婚活パーティーでは行かない場所であり、さらには自分自身の行動圏内からも外れていたため土地勘のない街で、お見合いと比べると結婚への真剣度が低い印象もあった〝たこパ〟というシチュエーション。さらに当日の天気は雨で、正直なところ、家を出る前に「行くのどうしようかな……」と思った記憶があります。

ですが、ガチ婚活に疲れていて、ちょっと息抜きしたいものの万が一の出会いの可能性を考えたこと。出会いがないとしても、大阪人の私はちょくちょくたこ焼きが食べたくなるので、純粋に「たこ焼き食べたいなあ」と思ったこと。テンションは上がらないけれど、何となく「行った方がいい気がする」と感じたので、出かけました。するとと予想外の出会いがあり、さらには夫に出会った時に結婚するとはまったく思いませんでしたが、2人で仲良くしている映像が突然空中に視えるという、まるで霊能者の方のような不思議体験をして、「何だかわからないけど〝何か〟あるのかも?」と。その感覚は、正しかったのです。

もしも運命の相手と出会ったら、すぐに直感でわかればみんな苦労しませんが、それでも本能的に「この人とは合わないな」とか、「話していて居心地いいな」とか、単純に好みといったことだけではない直感的な部分の好き嫌いがわかることはありますよね。その直感は大体当たっていることも多く、いわゆる第一印象というものは後でくつがえることはあまりないように思います。たまに最初の印象から変わる人もいるにはいますが、そんなに多くはありません。

そんな自分の中の直感力を磨いていたら、きっと〝何か〟を感じる人に出会うはず。その人は、運命の人の可能性があるので、自分の中のいつもと違う感覚を見逃さないでくださいね。

ネガティブな思いを手放す

恋活や婚活をしていると、多かれ少なかれ、思い通りにいかない経験をすることがあります。能動的に出会いの場へと動いて、まったくの初対面の方と「結婚」という人生を共にする将来について話すわけですから、気合も入ってしまいますし、真剣にもなりますよね。

相手を選ぶのは自分自身ではありますが、相手からも選んでもらわないといけない。そういう意味で婚活は、就職活動の面接のようなところもあるかもしれません。初対面の相手に、どうやって自分の良さを伝えられるのか。いろいろと気を配る場面も多くなります。

私の場合は、人疲れしやすいタイプということもあって、さまざまな人と〝気〟を交わすことでグッタリすることもあります。婚活のように初対面同士で交流するという場では、少しの会話だけでも、中にはネガティブなエネルギーをぶつけてくるような人もいて、いろいろな男性と話した後はまるで一仕事終えたような気持ちになったことも。そうして疲れが溜まり、「そろそろ限界……」と思った時、しばらく人に会わずに、自分の時間や生活を整えるようにしていました。それは自分を守るためです。

まずはすっかりクセになっている婚活情報のチェックをあえてしないようにしたり、飲み会のお誘いも少しお休みにしたり。私は忙しくなるとすぐ部屋がちらかってしまうので、部屋の掃除にも着手。疲れてゴチャゴチャになっている頭と心、身の周りをスッキリとさせて断捨離するんです。

部屋の掃除をした後は、さらに空間を浄化していくために、ホワイトセージや白檀《びゃくだん》のお香を焚きます。そもそもホワイトセージは、ネイティブアメリカンが祈りの儀式の際に乾燥させたセージを燃やす風習（スマッジングというそうです）があって、ネガティブなエネルギーを取り除いて神聖な空間を作る力があるといわれていますし、白檀はサンダルウッドとも言って、昔から仏教では白檀の香りが最も浄化力が高いといわれていたそうです。

またそれだけではなく、実際にホワイトセージや白檀を焚いてみると、心地いい香りに癒やされるというリラックス効果もあるので、家に常備しています。セージやお香を焚く時の器は可愛いお香立てにしてみたり、あわび貝の一種のアバロンシェル（日本では「孔雀貝《くじゃくがい》」といわれることも）にさざれ石を入れて浄化してみたり。アバロンシェルは、パワーストーンを浄化する際にもよく用いられているもので、ネイティブアメリカンは祈りの際にアバロンシェルで四大元素（火・風・水・土）を意識したそうなのですが、そうしたアイテムをチョイスするのも楽しいものです。

こうして後ろ向きな感情や疲れ、自分の居場所を浄化した後は、部屋も私自身も爽快な気持ちになりました。もしも今、疲れている方や部屋を掃除する方は、一度試してみてくださいね。ネガティブで重いものが、きっと軽くなっているはずですよ。

すべては繋がっている

前向きになったり、後ろ向きになったり、その時々によって状況や心境が変化していくことがあります。ですが、どんな時にも一番大事なのは、自分を信じることです。

「もうこの年齢だし出会いを求めて合コンに行くなんてどうだろうなぁ」
「頑張っているつもりなのに、なかなか結果が出ないのは運がないのかも」
「連絡先を交換したけれど、連絡がないのは興味がないんだな」
「こちらから積極的にアプローチするなんて、恥ずかしい」
「こんな私はもう誰にも出会えないのかもしれない」

そんなふうに恋愛迷子になることは、よくあることです。あなたの魅力は、運命の人ただ一人に伝わればいいものなので、それ以外の男性とうまくいかなくて当然ですし、運命の出会いには年齢も状況も、まったく関係ありません。

前に進みたい気持ちが強ければ強いほど、その反動も大きいということもあるでしょうし、悩みに悩んでどうやって一歩踏み出そうかとグルグルと考えすぎてしまうこともあるはず。ですが、それって、すごく人間らしいことですよね。むしろ最初から何でも思い通りにスイスイ進んでいって、何の苦労もせずにすんなり欲しいものが手に入ったら、案外その有り難みを感じないことも……。

とはいえ、私のように約1000人もの人に会わないと結婚にたどり着かないという苦労はしたくないでしょうし、お勧めはできないので、うまく自分の心と付き合いながら前進していってほしいと思います。自分で自分を褒めるのは照れくさいものですが、すごく小さなことでも、ほんの1つでも何かできたら「こんな私ってすごい！」「今日はこんな幸運があった」と、声に出してみてください。

私の場合、増幅しすぎた体重を元に戻すべく、少しシェイプアップすることを意識しているのですが、ほんのちょっとでも体重が減ったら、「今日は0・3キロ減った！」「お菓子を食べるのを我慢できた」などと、ものすごく小さすぎる喜びにも気づくようにしています。そうやって小さな気づきを増やしていくと、体重にかかわらず、日常生活のあらゆるところに、実はいろいろなスピリチュアルなメッセージが隠れているように感じることがあります。

この間、ふとユーミンこと松任谷由実さんの荒井由実時代の名曲「やさしさに包まれたなら」を聴いた時に、「あれっ? この曲って、めっちゃスピリチュアル!」と気づきました。ご本人がスピリチュアルなことがお好きでその歌詞になったのか、創作の世界観としてたまたまそうなっただけなのかはわかりませんが、この曲の歌詞がまさにその通り、と思ったところがあったんです。特にサビのフレーズに共感しました。

一見、何の関係もないように見えることや思えることも、どんなことにも意味があり、すべては繋がっている。だからこそ、目に見えるものも、見えないものも大事にする。そうすることで、自分自身の良さにも自分で気づきやすくなり、物理的な条件だけではない自分に本当に合う運命の人とも、巡り合いやすくなるのだと思うのです。

未来は今と地続き

人それぞれ、理想とする結婚生活のイメージがありますよね。あまり考えたことがないという場合でも、自分の両親などの影響で、理想の家庭像が育まれていることもあるはずです。

「同世代の彼氏と結婚して、夫婦2人で仕事も頑張りながら、オシャレなマンションで新婚生活を送る」

「年上で経済力と包容力がある夫に見守られながら、一軒家で可愛い子どもと一緒に家族で和気あいあいと暮らしたい」

「故郷に帰って、両親と一緒に二世帯住宅で暮らし、大家族で賑やかに過ごしたい」

そんなふうに、これまでに育った環境や、現在の状況などによって、どんな結婚生活に憧れを持つのかは理想や好みがあると思います。ただ、結婚は1人ではできませんから、現実には夫となる相手の考えや立場によって、自分の希望とは異なる家庭像についてすり合わせが必要になることもあるかもしれません。

ですが、婚活期はそういったことはまず忘れることです。運命の人に出会う前にやっておくことは、「嬉しい結婚ができて幸せ！」と、幸福感を先取りして宣言しておく。これだけです。

第一章の「未来図」のところでも触れたのですが、「将来どうなりたいのか」を明確にできればできるほど、では今何をすればいいのかもハッキリしてきます。なりたい自分になるためには、その理想のイメージから逆算して計算してみると、この今の時間に何をしておけばいいのか？　どんなことを意識しておけばいいのか？　何を用意していけばいいのか？　そんなことにも自問自答しながら気づくことができます。

他の誰かが聞いたら恥ずかしい、夢のようなことを想像するなんてバカバカしいなど、けっしてネガティブにならないことがポイントです。「理想の夫とこういう結婚生活を送っていて幸せな気持ちになっている」というイメージを常に持つようにしている、などと身近な人に話して、何もしていない今から何を言っているの、というような否定的な言葉を投げつけられても、まったく気にしなくていいんです。

相手の言葉をマイナスの思考でくるんでくる人は、やる気という前向きなエネルギーを奪う、エナジーバンパイア。そういうタイプの人は、一緒にいても違和感がありますし、マイナスなことしか言わないので会った後に「何となく疲れるなあ」と感じて、わかるはず。そういったタイプの相手とは、距離を取っておきたいところです。

逆に仲良くしたいのは、先取りした幸せな結婚生活のイメージを、一緒になって応援してくれる人。「素敵な結婚生活だね」「それで、結婚したら毎日どんなふうに過ごすの？」などと、さらに幸せな結婚生活のことをイメージしやすくしてくれたり、後押ししてくれたりする人は大事にしたいもの。自分の周りにもポジティブな考えの人が多いと、より幸福な未来を引き寄せやすくなります。

ここで1つ落とし穴があるとすれば、「こんな結婚生活を送っている私！」だといいけれど、「実際はずっとシングルだし、これからもシングルが続くんじゃないか」とか、「あんな家庭が理想だけれど、どれだけ考えても、やっぱり無理だろうなあ」などと最初から諦めモードになること。無理だろうな、というところがクローズアップされてしまうと、無理な現実として宇宙にインプットされてしまい、実現しづらくなるからです。

勿論、現実と理想の世界の区別はするとしても、未来は「今と地続き」ですから、胸を張って堂々と〝今の私は表向き独身女性ということになっている仮の姿〟だというぐらいの気持ちで、未来の幸せを掴みにいってください。

今の日常生活の中では、イメージングとともに、いつか彼氏そして夫になる男性と使うペアのマグカップを用意しておくとか、将来どんな妻になるかを考えて新しいエプロンを買っておくとか、部屋のクッションも自分用に1つだけ買うのではなく、すでに相手もいることを前提として複数用意しておくとか。「もうすぐ来る嬉しい未来」のために、ちょっと先取りして用意しておくのも、楽しいものです。

イメージすることの底力

〝言霊《ことだま》〟という言葉があります。諸説ありますが〝言葉には不思議な力が宿るため言葉に発した通りの現実になる〟といわれているため、話す時の言葉には気をつけようという意味もあるのが、言霊です。

そうわかってはいるものの、つい「疲れた……」と口に出してしまうことがありました。仕事で疲れていたり、人間関係で疲れていたり、婚活に疲れてしまったり。今でも、ちょっと疲労が溜まってしまっただけで、つい疲れを口にしてしまうことがありますし、周りを見わたしてみても結構気軽に疲れを口にする人は多い印象がありま す。なるべくポジティブな言葉を話したいと常日頃思っているので気をつけるのですが、逆にそう思いすぎると思考がとらわれてしまうので、基本的には「ナチュラルでいたい」と思っています。

とはいっても、やはりマイナスの感情をたくさん言葉にするよりは、プラスの感情をたくさん言葉にしていきたいですし、温かく前向きな感情に包まれている状態でいたい。マイナスの言葉を聞いたらテンションが下がりますし、プラスの言葉を聞いたらテンションが上がります。ですので、もしも疲れが口をついて出たら、「ああ、今は自分を癒やす時間が必要だな」と、リラックスすることを考えるようにしています。そうやって、マイナスに引っ張られない工夫をすると、また婚活に挑む力も戻ってきます。

言葉といえば、時々〝波動〟や〝波長〟という単語を耳にすることもあります。スピリチュアルな世界が好きな方はよく聞く言葉でもあるでしょうし、興味のない方にとっては、あまり縁のない言葉と感じるかもしれませんね。日常的には「あの人とは波長が合う」とか、「良い波動のおかげで状況が好転してきた」とか、自分自身の考えや状況、エネルギーの状態を表す意味合いで使うことが多い印象があります。そんな波動や波長を意識するだけでも、少しずつ未来に違いが生まれてくるようです。

波動や波長を意識してモチベーションをキープすると、知らないうちに身についていたネガティブな口調やクセにも気づくことがありますし、マイナスのことには近づかなくなるので、結果、ポジティブ思考でいられて波動や波長も変化します。そうなるとさらに、それまでは気づかずに通り過ぎていたような日常でのいろいろなメッセージに気づくようになって、直感力が磨かれていきます。

幸せな気持ちでいると、それだけで自分自身も周りにいる人たちもふんわりと温かい気持ちでいられますから、婚活の場などでいざ参加者と会った時も、「この女性はすごくいい」と、相手を惹きつけるオーラをまとうようになっているはず。つまり、魅力が高まることにも繋がるのです。

私は婚活で疲れ切ったり、落ち込んだりした時もありましたが、いろいろなことを乗り越えて、理想のイメージや楽しい自分を意識していたら、良い出会いがありました。イメージするだけで良いことが起こるなら、しなきゃソンです。楽しいことを考えていたら、周りにもその雰囲気が伝わりますし、波動や波長も高くなると、嬉しい未来が訪れやすくなりますよ。

願いが実現するタイミングはよくできている

今のあなたは、過去に想像していた、なりたかった姿になっているでしょうか？こんなはずじゃなかったと思うのか、予想外の姿だけれど案外気に入っているとなるのか、大体は思った通りになっているのか、予想以上にうまくいっているのか。

すでに今の自分が嬉しさと楽しさに満たされているのだとしたら、その状態をなるべく永く持続していけるようにしたいものです。もしも今うまくいかないことが続いていたとしても、それはまだこの先に大きな喜びごとが待っているから。まだ今は、旅の途中で、変化している最中ということもあります。思いがけず、あまりいい状態ではない場合は、そんなことがずっと続くことはありませんから、雨が止んで晴れる日までの準備運動をしておくのも手。どんな時も、あなたらしくいられるように、素晴らしい未来を心待ちにしておきましょう。

過去の自分が今の自分を作り、今の自分が未来の自分を作っていきます。今、この時が一番若いのですから、思い立ったが吉日と、何でもチャレンジしてみていいのです。そこで、改めて「今の私が本当に望むものは何だろう」と、考えてみてください。

仕事に追われていたり、やらなければいけないことがたくさんあったり、現実的に考えたらすぐには難しいようなことでも、関係ありません。純粋に「こうしたい」「こうなりたい」とパッとひらめいたものを覚えておいてください。なりたい未来を予約しておくためにも、「そうなる自分（そうなってほしい未来）」を今一度しっかりと心に刻みます。これで、未来設定は予約完了。後は、自分にとって、最も良いタイミングですべての物事は動き出します。

一刻も早く願いを叶えたいと思う人もいるかもしれません。私もそうでした。ですが、いつ望む未来が叶うかは、すべて宇宙または神さまのような偉大な存在が決めていること。もちろん自分自身の努力が必要なのは大前提だとしても、それだけでは理由のつかない〝運〟や〝タイミング〟のようなものは、自分ではどうにもならないものです。願ったら、後は自然に任せます。

私は婚活を始めて、すぐに結婚できるとばかり思っていました。途中、いいなと思う方とお付き合いしたり、出会いを探すことを休んだりしていた時期もありました。結果として、結婚するまで約5年かかりました。その最中は落ち込んだことも多々ありましたが、振り返れば、「やはりあの時間は必要だったんだな」と実感しています。

結果が出ないと焦ることもあれば、年齢を重ねることに切なくなることもありました。ですが、そんな年月を重ねてこなかったら、最終的に夫には巡り合えなかったでしょう。婚活自体がしんどくなってやめてしまうなど、結婚できる自分の可能性を放り投げていたら、また違った未来だったはず。または、そこまで好きだと思えなくても、結婚だからと条件だけを優先して心の声を聞かずに、頭で考えた結婚を急いでしていたら、やはりうまくいかなかったと思います。

あまのじゃくな性格なので、すぐに手に入るものより、やっと手に入った幸せは何百倍も喜びが増します。諦めないで良かったと、心から思います。結婚に限らず、仕事でも何でも、ちょっとのことでは諦めない性格だったのも、長い婚活を乗り越えられたことに関係しているのかもしれません。

いずれにしても、願いが実現するタイミングは、本当によくできていると感じています。だからこそ、ほんのちょっと理想の未来を思い描いたものの、すぐに叶わないからと簡単に諦めないでいてほしいのです。「こうなったらいいな」という未来設定をしたら、その未来が来るために少しずつ準備されているので、時にその願いも忘れるぐらいに後は気長に待っているだけ。あなたの心身の準備が整った時に、キャッチできるようになるのです。

ですから、ちゃんと未来設定しておいてくださいね。未来はあなたの手の中にあります。

あなたの夢が叶う時

拙著をお読みいただき、ありがとうございました。
手に取ってくださったあなたのことを、ささやかですがこうして一冊の本を通して、応援したい気持ちでいっぱいです。

自分一人でも生きていけるけれど、せっかくだったら、誰かがそばにいてくれると嬉しいものです。そばにいてくれる人が、愛し愛される人であれば、さらに心地いい。

恋愛よりも結婚したいけれど何から始めようかと考えている方、既に婚活している方、婚活の仕方を変えようと思っている方など、自分の未来をしっかりと形作ろうと頑張っているその姿はとても人間らしく、魅力的です。

思いがけず1000人の男性と出会い、まさに婚活しながら〝ラプソディー（狂詩曲）〟を奏でるように、さまざまなことに取り組んできた私ですが、もしも何かしらあなたの幸せな道のりを後押しさせていただけたとしたら、とても嬉しいです。

「こんな方法で婚活すればうまくできるかもしれない」
「ちょっと気持ちの持ち方を変えることができそう」
「私だったら1年で絶対ゴールできる！」
「とりあえず何か行動してみようかな？」

そんなふうに、自分の人生を自分でデザインしてみてください。きっとそのチャレンジは、あなたにとって一番良いタイミングで、花を咲かせることになります。

私は結婚もそうですが、「自分の本を出版する」ということも、1つの夢でした。婚活していた時は会社員でしたが、後に独立。現在はライターや編集者としてもお仕事させていただいていますが、独立当初から、出版したくて企画書を50社ぐらいには送ったと思います。その時は何もありませんでしたが、「絶対出版する」という思いをずっと心の奥底に持ち続けていました。すると、時が来ました。以前、企画書を直接お渡ししていた、最も信頼している編集者の方から、「本を出しませんか？」とお声をかけていただいたのです。私が本を出版するタイミングは今だったのです。

結婚に限らず、仕事の夢も、自分にとって一番良い時に叶います。

それまではなかなか結果が出なくて焦ることがあったとしても、忘れた頃に、ビックリするくらいスムーズに事が進んでいくのです。

今度は、あなたがそれを体感する番です。

「結婚」という夢が叶う時が、きっと訪れます。それまでご自身を信じていてください。

最後に、表紙のイラストを描き下ろしてくださった浅沼テイジさん、装丁をしてくださった土田伸路さん、本文ＤＴＰをしてくださった川尻雄児さん、初めての出版にご尽力くださいました編集者の中山広美さん、表紙と帯の進行にご協力くださいました船木圭子さん、本作りに携わってくださったすべての方に、心より感謝申し上げます。

また、初めての本は、東京の家族と大阪の両親のもとで執筆しました。いつも見守ってくれる家族と両親にも「ありがとう」と伝えたいです。

そして何よりも、お読みくださった読者の皆様に、心より感謝申し上げます。

かわむら　あみり

かわむら あみり

ライター・編集者・エッセイスト

大阪府生まれ。幼少時から占いやスピリチュアルなことなど神秘的な世界に親しみ、自分でタロット占いを行い現状を視ることも。就職のため上京後、主にエンターテインメントに関する雑誌編集、執筆などに従事。占いジャンルで占術家の方々と仕事をするうち、マインドの持ち方に興味を持つ。仕事に没頭するうちにアラフォーとなり、婚活に一念発起。友人の紹介、合コン、ネット婚活、パーティー、結婚相談所とあらゆる手段でパートナーを模索し、対面で話した男性は4年間で約1000人に上る。スピリチュアルな引き寄せ方法も実践した結果、13歳年下の男性と結婚。出会った時に彼とのビジョンが映像となって視えたことからご縁を直感、「運命」の存在を実感する。自身の体験を、同じように恋愛下手だが幸せを掴みたい女性に伝えていくことに。現在「ananweb」にて「結婚引き寄せ隊」を連載中、「ウレぴあ総研」にて年下彼氏、「Hanakoママ」にて子育てや夫婦について、「with online」などでも女性に向けたエールを執筆。小学生の一人娘を育児中。

カバーイラスト／浅沼テイジ
カバーデザイン／土田伸路（design cue inc.）
本文DTP／川尻雄児（rams）

どうしても、結《けっ》婚《こん》したかった。

1000人《せんにん》の男性《だんせい》と出会《であ》った私《わたし》の婚活《こんかつ》ラプソディー

第1刷　2024年3月28日

著者　かわむら あみり

発行者　菊地克英

発行　株式会社東京ニュース通信社
〒104-6224 東京都中央区晴海1-8-12
電話 03-6367-8023

発売　株式会社講談社
〒112-8001 東京都文京区音羽2-12-21
電話 03-5395-3606

印刷・製本　株式会社シナノ

落丁本、乱丁本、内容に関するお問い合わせは、発行元の株式会社東京ニュース通信社までお願いいたします。
小社の出版物の写真、記事、文章、図版などを無断で複写、転載することを禁じます。また、出版物の一部あるいは全部を、写真撮影やスキャンなどを行い、許可・許諾なくブログ、SNSなどに公開または配信する行為は、著作権、肖像権等の侵害となりますので、ご注意ください。

©Amiri Kawamura 2024 Printed in Japan.
ISBN978-4-06-535186-4